Lodro Rinzler

Siéntate
como un buda

Traducción del inglés al castellano
de Miguel Portillo

editorial Kairós

Título original: SIT LIKE A BUDA: *A Pocket Guide to Meditation*
by Lodro Rinzler
© 2014 by Paul Rinzler
Publicado de acuerdo con Shambhala Publications Inc., Boston
© de la edición en castellano:
2015 by Editorial Kairós, S.A.
Numancia 117-121, 08029 Barcelona, España
www.editorialkairos.com

Fotocomposición: Beluga & Mleka. Córcega, 267, 08008 Barcelona
Diseño cubierta: Katrien Van Steen
Impresión y encuadernación: Romanyà-Valls. Verdaguer, 1. 08786 Capellades

Primera edición: Mayo 2015
ISBN: 978-84-9988-448-6
Depósito legal: B 8.328-2015

Sumario

Para Milo, que es pequeño.
Que esto te beneficie
cuando seas más grande.

Introducción

Me criaron como budista. Empecé a practicar budismo a edad muy temprana. Empecé a enseñarlo a los dieciocho años. Pero no ha sido el budismo lo que me ha convertido en lo que soy. Ha sido la meditación. La práctica de la meditación me ha calmado cuando me he sentido ansioso, me ha ablandado cuando levanté muros rodeando mi corazón abierto, y me ha permitido estar más presente tanto en los aspectos placenteros como dolorosos de mi vida. Todo el contento que he hallado en esta vida se lo debo a la práctica de la meditación. Dicho lo cual, me siento honrado de poder ofrecerte este libro, que te ayudará a poner en marcha tu práctica de meditación.

A los dieciocho años entré en la Universidad Wesleyan y no tardé en empezar a buscar una comunidad con la que meditar. Fui poniendo carteles por todas partes y en la primera reunión se presentó bastante gente. ¿Cuál era el problema? Nadie sabía cómo meditar. En el campus de la universidad no existían muchos recursos para practicar meditación. Cuando hablé del tema con un mentor, me señaló que yo ya había asistido a diversos retiros que eran requisitos previos en la formación de un instructor de meditación. «¿Por qué no lo haces tú?», me dijo. Al cabo de unos pocos meses estuve preparado y me arranqué para ofrecer meditación a otros por primera vez.

Me gustaría creer que en los más de doce años que vengo ofreciendo instrucción sobre meditación he ido mejorando. Aunque las palabras que pronuncio cuando ofrezco instrucción no hayan modificado sustancialmente mi comprensión de las mismas. Cuando apareció mi primer libro, *El Buda entra en un bar*, me encontré viajando mucho y ofreciendo meditación a nuevos practicantes por toda Norteamérica. Conocer a miles de personas en los últimos años me ha suavizado, y me ha permitido refinar aquello de lo que hablamos cuando tratamos de la meditación.

Nunca me he sentado para intentar escribir todo un libro dedicado únicamente a la práctica de la meditación. Aunque ya he presentado antes estas enseñanzas verbalmente, me preocupa que la experiencia de la meditación y la manera en cómo ha afectado a mi vida pudiera perder su sentido al verterlas en estas páginas. Espero que este volumen sea útil, que te ayude a la hora de establecer una práctica de meditación. Si no (y aunque lo consiga), házmelo saber. Lograr que una práctica de meditación funcione constituye un largo viaje, y yo estoy aquí para ayudarte lo mejor que pueda. Es fácil dar conmigo mediante el correo electrónico, en Facebook y en Twitter, y regularmente subo vídeos sobre meditación en YouTube.

Yo ya llevo un tiempo con una práctica de meditación establecida, que me ha cambiado de formas milagrosas. Continúa permitiéndome estar más presente y ser más compasivo. Si sigues leyendo este libro creo que también podrás establecer una práctica de meditación y ver los resultados de esta experiencia transformadora. Se trata de una especie de experimento, y esta lectura se basa en que realmente lleves a cabo la práctica que se presenta en estas páginas. Concédele una oportunidad a la meditación y únete a mí en este experimento, ¿vale? Te lo vuelvo a repetir: estoy aquí para ti; lo haremos juntos.

LODRO RINZLER
6 de junio de 2013
Brooklyn, Nueva York

Primer paso: entérate del porqué

Siempre que alguien me dice que le interesa la meditación, le pregunto por qué. A veces esas personas parecen sorprenderse, creyendo que debería sentirme encantado de saber que les interesa el tema, aunque sea superficialmente. A menudo lo estoy, pero me limito a mostrar un rostro impasible. Sin embargo, me he dado cuenta de que si alguien no tiene claro por qué quiere meditar no tardará en descubrir que la meditación no es necesariamente fácil y acabará desanimándose al poco tiempo, sin llegar a profundizar.

De la misma manera, cuando ofrezco instrucción sobre meditación a través de clases o en jornadas abiertas en centros de meditación, siempre empiezo con esta pregunta: «¿Por qué queréis meditar?». El año pasado estuve en Washington, la capital, y me encantó y sorprendió a la vez ver cuánta gente apareció un jueves por la noche para asistir a mi charla. «¿Qué os empuja a venir aquí, a un centro de meditación, un jueves por la noche? –pregunté–. Para citar a Jay-Z, podríais estar en cualquier sitio del mundo ahora mismo, pero aquí estáis, conmigo. En la tele ponen esta noche un estupendo capítulo de *Parks and Rec**. ¿Alguien quiere compartir sus motivos?». Un joven levantó la mano. Debía de tener veintipico años. Alguien le pasó el micrófono: «Bueno, pues... –empezó diciendo– la meditación parece chachi así que pensé en probar. Además, tengo un DVR, así que no me perderé el capítulo de *Parks and Rec*».

Menciono esta anécdota porque subyace algo bueno en ella: según mi experiencia, al preguntarle a la gente por qué le interesa la meditación, nunca existe la respuesta incorrecta. Aunque sea: «Voy a posponer mi rutina de ver la serie de televisión de los jueves porque tengo curiosidad».

---

* *Parks and Recreation* es una serie –comedia– de televisión norteamericana retransmitida por la NBC, protagonizada por Amy Poehler, quien interpreta a Leslie Knope, una funcionaria pública que trabaja en el Departamento de Parques y Jardines de la ficticia ciudad de Pawnee (Indiana). Está filmada a modo de falso documental. (*N. del T.*).

Sí, vale, de acuerdo. Es una respuesta bastante rara. A menudo la gente dice que quiere ir menos estresada, vivir más en el momento o trabajar sus emociones con más fluidez. Lo bueno es que la meditación ayuda en todo eso. Solo tienes que ser constante. Para ayudarte a obtener esa constancia he diseñado diez pasos que, si se siguen semirregularmente, te proporcionarán una sólida práctica de meditación que podrás realizar en casa. Al finalizar este libro no solo sentirás más confianza en cuanto a saber cómo meditar, sino que, lo ideal sería que la meditación se hubiera convertido en parte de tu vida cotidiana.

El primer paso trata de conocer tus motivos, tu intención. Regresaremos a ello en un minuto. El segundo paso es aprender una técnica de meditación. El tercer paso es cultivar dos herramientas necesarias para una intensa práctica meditativa: atención plena (mindfulness) y presencia o conciencia. El tercer paso es aprender a ser constante, regular. El quinto paso es desarrollar una profunda comprensión de la delicadeza. El sexto paso es descubrir cómo trabajar con los obstáculos que surgen en la meditación. El séptimo paso es aprender a evitar quedarse enganchado a las emociones. El octavo paso es conectar con tu estado inherente de paz. El noveno paso es convertirte en un practicante dhármico o auténtico. El último paso, el décimo, es aprender a permanecer en el momento presente cuando no estés sentado en el cojín de meditación.

Creo de verdad que si sigues estos diez pasos no solo habrás iniciado una práctica de meditación, sino que comprobarás cómo te afecta positivamente de todas las maneras. No obstante, ahora no podemos evitar la fastidiosa pregunta acerca de: «¿Por qué empezar, de entrada?».

Ejercicio para descubrir «el porqué»

Nos dedicaremos a la postura formal de meditación en el capítulo siguiente, pero por el momento vamos a hacer algo de calentamiento sentándonos derechos y tomándonos un minuto para comprobar la postura. Realiza un examen somero, empezando por los pies hasta llegar al cráneo. Si percibes que estás especialmente tenso en alguna zona, aporta una sensación de relajación a la misma. Una vez que te sientas un poco más afianzado, respira hondo unas cuantas veces. Relájate.

A continuación dirige toda tu atención a esta sencilla pregunta: «¿Qué motivos tengo para querer meditar?». Fíjate en las respuestas que aparecen como contestación. El propósito de esta contemplación no es centrarse en una respuesta y determinar si es lógica. Permite que emerja cualquier respuesta en tu mente, que desaparezca o regrese. Tu misión es regresar a la pregunta. Si te distraes y empiezas a pensar en lo que almorzaste, no te fustigues. Limítate a repetirte la pregunta a ti mismo: «¿Qué motivos tengo para querer meditar?».

Comprueba si puedes concentrar la mente en esta única pregunta durante tres minutos. Si lo deseas, puedes utilizar un cronómetro. Al final de ese período, deja de lado la pregunta por completo y respira hondo unas cuantas veces. Al salir de ese período de contemplación he de preguntarte: ¿alguna de esas respuestas te dio la impresión de ser genuina? ¿Hubo alguna que apareció continuamente? De ser así, ¿conoces ahora tus motivos para emprender este camino de la meditación?

Siempre tienes una intención

Existe una razón para que te insista con esta pregunta en particular. Se trata de que ya vives una vida con una intención, incluso aunque no seas consciente de ello. Para aclarar esta cuestión definiré unos límites: existe una diferencia entre una intención consciente y una inconsciente. Una intención consciente es cuando puedes sintonizarte con tu vida y demostrar que eres lo suficientemente consciente como para poder articular la lógica que subyace al motivo por el que haces cualquier cosa. Así que, si alguien te pilla pasando mucho tiempo en Facebook y te preguntan por qué lo haces, lo cierto es que tienes una respuesta, en lugar de decir: «No lo sé. ¿Porque me aburro?». Una intención inconsciente es precisamente ese tipo de respuesta: es cuando permites que tus caprichos y pautas habituales aparten tu atención de una actividad y te lleven a la siguiente sin pensártelo.

Tomemos un ejemplo muy común de tener una intención consciente frente a una inconsciente. Sales con los amigos un sábado por la noche. Sabes que beberás y que probablemente bailarás, tal vez hables con miembros del sexo que te atrae, e incluso puede que tengas un rollo o algo. Estupendo. De verdad. Me parece genial. Enrollarse es chachi. Es decir, siempre que pretendas hacer todo eso conscientemente, tras cierto nivel de reflexión. Eso implica que cuentas con la intención consciente de hacer lo que sea que hagas el sábado por la noche.

Pero lo más corriente es salir con amigos, iniciar una nueva relación o cambiarnos de trabajo sin tener claro por qué lo hacemos. Nunca nos paramos a desarrollar una intención consciente y el resultado es que las cosas tienden a complicarse.

Retomando nuestro ejemplo, podrías haber tenido una mala semana y decides salir directamente desde el trabajo. Sientes como si no hubiese tiempo para tranquilizarte y reflexionar e intentar vivir con una intención consciente. Así que bebes más de la cuenta para olvidarte de los capullos con los que trabajas, y como has bebido de más acabas tropezando mientras bailas, haciendo el ridículo ante aquellas personas con las que quieres enrollarte, y continúas bebiendo para evitar tener que lidiar con ninguna de esas tempestuosas emociones de agresividad y ridículo. Luego rematas vomitan-

do los *gin-tonics* sobre esas personas, al final
de la noche. Una genial elección de bebida,
dicho sea de paso.

Rebobinemos y recorramos el mismo escenario, pero con una intención consciente. Sales
del trabajo, pero decides darte un respiro primero. Das un paseo o te sientas en el parque, o
bien te pasas por casa para darte una ducha.
Te tomas algo de tiempo y reflexionas acerca
de la jornada, permites una transición entre
el trabajo y la diversión y luego contemplas:
«¿Qué intención tengo esta noche?». Unos
minutos después de haber retomado la pregunta (aunque estés haciendo la compra o de
paseo), te das cuenta de que lo que quieres es
conectar con esos amigos a los que vas a ver
porque tienes la impresión de que no os veis lo
suficiente. Sales y, en lugar de echar a perder
la situación, disfrutas de unas cuantas copas
con ellos, os relajáis y restablecéis el contacto.
Todo está bien, tanto si bailas como si conoces
a otra gente, porque estás viviendo en sintonía
con tu intención consciente.

Esta es la alambicada respuesta a la pregunta con la que te azuzo sobre descubrir tus
motivos personales para practicar meditación.
Es porque estoy convencido de que cuan-

do vives tu vida en sintonía con intenciones conscientes, a diferencia de a remolque de las inconscientes, es posible vivir una vida más plena y feliz. Y vomitar menos.

Es importante

Por lo general, no me muestro tan pesado al principio de mis libros, pero este me da la impresión de que es un paso fundamental en nuestro periplo juntos, así que me ha parecido que es necesario que lo hagamos bien. La razón de su importancia estriba en que la práctica de la meditación es difícil. Vaya, ya lo he dicho. Lo admito. Cuenta con toneladas de beneficios, que van desde mejorar, pasando por reducir el estrés hasta un disfrute general de la vida, pero se trata de un largo viaje y las indicaciones que señalan hacia el éxito no siempre resultan obvias. Así que, cuando te sientas desanimado (más sobre el desánimo en el capítulo 6), puedes volver la vista atrás, a este principio fundamental y decir: «Ah, sí. Esa es la razón por la que estoy haciendo esto. Quiero ser más delicado/más consciente/ir menos estresado todo el tiempo». Contar con ese sólido entendimiento acerca de por qué estás haciendo este trabajo (tengamos claro que se trata de un trabajo) te ayudará a largo plazo.

De hecho, si ahora tienes tu intención clara, escríbela. Incluso te proporcionamos sitio para que lo hagas al final de esta página. Escríbela. Solo lo sabrás tú. O si quisieras que la conocieran otras personas, no tienes más que enviármela por correo electrónico y luego hacerme saber cómo ha funcionado una vez que hayas acabado de leer el libro. Tu intención puede variar un poco o cambiar muchísimo a lo largo de los siguientes pasos para establecer tu práctica de meditación, pero la que tienes clara ahora es estupenda para empezar. ¿Sabes por qué? Genial. Ahora pasemos a la acción.

Mi intención para empezar a meditar es:

Segundo paso: aprende la técnica de meditación

La práctica meditativa que seguiremos en este libro se llama *shamatha*, o meditación de calma interior. Existen muchas y diversas formas de meditación que pueden practicarse con distintos fines. Algunas prácticas de meditación pueden ayudarte a que concilies el sueño con más facilidad, por ejemplo. Esta que tratamos es justo lo contrario, aunque tiene un efecto calmante. *Shamatha* tiene por objeto despertarte.

Si quieres estar más presente en tu trabajo, esta es tu práctica. Si lo que buscas es conectar con los amigos y la familia de manera genuina, esta es tu práctica. Si lo que buscas es estar presente para los elementos tanto agradables como dolorosos de tu vida, esta es tu práctica. *Shamatha* te despierta a lo que sucede en este preciso instante, enseñándote a prestar atención a algo que encarna este preciso momento: la respiración.

La respiración es siempre nueva, fresca. Siempre es lo que ocurre ahora mismo. Nacimos respirando y respiraremos hasta que muramos. Está siempre con nosotros. Y, no obstante, no pensamos en ella. No hemos dedicado ningún tiempo a contemplar algo tan sencillo y natural como la respiración. Hasta ahora.

Esta práctica en concreto se remonta a los tiempos del Buda. Antes de ser el Buda, fue un príncipe llamado Siddhartha Gautama. Se crió y creció en un entorno muy protegido y no conoció el sufrimiento ni en la infancia ni en la adolescencia. Finalmente, sintió curiosidad acerca de lo que sucedía más allá de los muros de palacio, así que, sin el consentimiento de su padre, salió en un carruaje. En su encuentro con el mundo exterior tuvo la primera vislumbre del sufrimiento: vio la vejez, la enfermedad y la muerte. También vio a un asceta y, sintiéndose abrumado por la comprensión del sufrimiento, decidió elegir el camino espiritual, en lugar del regio que le correspondía.

Siddhartha se escabulló del hogar paterno y a lo largo de sus veinte y treinta años de edad exploró diversas prácticas espirituales y aprendió una amplia variedad de técnicas de meditación que apuntaban hacia distintos objetivos. Las dominó con rapidez y luego continuó adelante para hallar alguna práctica nueva, pues ninguna de las que había conocido hasta entonces pudo aliviar esa sensación de sufrimiento que había descubierto.

Finalmente se sentó bajo un árbol y se dijo: «Voy a meditar un poco en la respiración». Lo hizo y decidió no incorporarse hasta alcanzar la iluminación. Consiguió por fin su objetivo: experimentó el nirvana. Antes de ser una banda *grunge* de los años 1990, *nirvana* era un término reservado únicamente para la realización de un estado de paz. A menudo, cuando la gente piensa en nirvana, piensa en alguien sentado y flipado. Pero eso no es lo que Siddhartha realizó.

Cuando Siddhartha alcanzó la iluminación, o nirvana, sintonizó con la realidad tal cual es. No con su idea acerca de lo que debería ser la realidad, ni ninguna noción trascendente de lo que podría ser, sino que despertó a cómo son las cosas. Eso es la iluminación. Por eso fue conocido como un *buddha*, o «uno que ha despertado».

Al iniciar esta sencilla práctica realizada por el Buda, estás comprometiéndote a despertar.

Tal vez no sientas el deseo de alcanzar la iluminación total, y eso está bien, en serio, pero la idea de estar más despierto y en sintonía con tu vida podría sonar atractivo. Teniendo esa aspiración en mente, pasemos revista a las instrucciones concretas para la meditación *shamatha*.

El cuerpo

Empieza adoptando una postura sentada cómoda, sobre un cojín o en el suelo. Si sentarte en el suelo te hace daño, puedes hacerlo en una silla. En cualquier caso, siéntate con el trasero reposando firmemente en el centro del asiento. Has de sentirte asentado físicamente, lo cual te ayudará a asentarte mentalmente. Siente el peso de tu cuerpo sobre la tierra. Si estás sobre un cojín, cruza libremente las piernas, con las rodillas cayendo un poco por debajo de los huesos de la cadera. Si estás en una silla, apoya los pies firmemente sobre el suelo, separándolos entre sí a una distancia similar a la existente entre las caderas.

A partir de esta base firme te expandes hacia arriba, hacia el cielo. Estira la columna a fin de sentarte derecho. No eches los hombros hacia atrás o acabarás con molestias y dolores. De hecho, lo que conviene es que conectes con la curvatura de la columna y la uses como base de apoyo. Si visualizar te ayuda, te recomiendo que imagines un cordel en la coronilla de la cabeza que tira hacia arriba. Somos muchos los que hemos pasado décadas encorvados, como nos sentamos al leer, trabajar con el ordenador y demás, así que no es raro que al principio pueda resultar incómodo e incluso algo difícil. Te aseguro que con el tiempo se vuelve mucho más fácil. Pero por ahora, esfuérzate, por favor, en mantener esta postura derecha. No te apoyes en el respaldo si estás sentado en una silla.

A continuación, suelta un instante las manos a los costados. Dobla los brazos a la altura de los codos y repósalas, con las palmas hacia abajo, sobre los muslos de las piernas. Esta postura en concreto debería proporcionarte algo más de apoyo para la espalda. Tal vez observes que en algunas tradiciones la gente tiene las palmas hacia arriba o conformando un *mudra*, o ademán especial, a la altura del ombligo. Esas posturas están muy bien, pero simplifiquemos y proporcionemos algo de apoyo adicional a la postura manteniendo las palmas de las manos boca abajo sobre los muslos.

El cráneo descansa sobre la columna vertebral. Lo único que tienes que hacer para ajustar la postura es meter ligeramente la barbilla. Relaja los músculos del rostro, en especial de la frente, alrededor de los ojos y la mandíbula. Eso podría provocar que la mandíbula quedase abierta, que es preferible. Puedes colocar la punta de la lengua tocando el paladar de la boca, donde se junta con los dientes, que disminuirá el proceso de tragar saliva y despejará la respiración.

Finalmente, descansa la mirada en el suelo a medio o un metro por delante de ti. Tal vez te sorprenda, pero te recomiendo que mantengas los ojos abiertos. Es cuestión de perspectiva. Si lo que pretendes es estar más despierto, más presente, frente a lo que sucede a tu alrededor, parecería contraproducente cerrar los ojos. Me he dado cuenta de que para los principiantes no es tan difícil. Para los que han meditado en el pasado cerrando los ojos, tal vez les resulte un tanto complicada la transición. No obstante, te animo a mantener los ojos abiertos, permitiendo que tu mirada repose por delante de ti de manera relajada.

La meditación no es un ejercicio intelectual. Se trata de conectar con lo que sucede en tu cuerpo. Este proceso de conectar con el cuerpo es de extrema importancia. Así que tómate el tiempo necesario para conectar de manera adecuada y recógete en tu cuerpo físico antes de continuar.

La respiración

Ahora la parte difícil, que sé que parece bastante sencilla: traslada toda la atención a la respiración. Mientras lees este libro, estás respirando. Respiras todo el día. Respiras incluso cuando duermes. Pero no es algo a lo que suelas prestar atención. Hazlo ahora. Aunque en este momento no estés intentando meditar. Tal vez te encuentres en el metro. O en una sala de espera. Deja de lado el libro y presta atención a tu respiración durante un minuto.

No es tan fácil, ¿verdad? Nuestra mente está habituada a perder el control y funcionar con frenesí, sin concentrarse en algo tan básico como la respiración. Ahí es donde estriba la dificultad de la práctica de la meditación. Hemos pasado años acostumbrándonos a hacer cualquier otra cosa que estar presentes con lo que sucede en este preciso momento. La respiración es nuestra ancla con el presente. Así que siente tu respiración, tal y como es ahora mismo.

Ten en cuenta que no necesitas alterar o cambiar tu respiración respecto a su patrón habitual. No es necesario que pongas el acento en tu espiración o en la inspiración. Respira como lo haces normalmente. Tal vez incluso te descubras estando rígido mientras tratas de controlar la respiración. Relájate. Permite que tu cuerpo haga de manera natural lo que le corresponde. En cierto sentido, el verdadero objeto de tu práctica meditativa es apreciar tu propio ser.

La mente

Te distraerás de la respiración. Será durante unos pocos segundos o tal vez minutos, pero te distraerás. Es algo muy natural. Como no estamos acostumbrados a estar en el momento presente, la mente suele gravitar hacia el pasado y el futuro. Por ejemplo, puedes intentar estar presente, pero empiezas a repasar una conversación que mantuviste con alguien que te molestó. A partir de ahí tu mente salta al pasado y a cómo te sacudirás de encima a esa persona la próxima vez que te la encuentres.

En un caso así, cuando de tu mente se apodere el pasado o el futuro, no tienes más que recordar que tu intención es seguir presente con la respiración. Si tu mente se pierde en grandes pensamientos que te sacan de la habitación, puedes decir suavemente y en silencio: «Pensando», para recordarte que lo que haces es muy normal, pero que no es lo que quieres hacer. Al etiquetar tu pensamiento discursivo como «pensando», puedes devolver la atención a la respiración.

Se trata de una práctica de *shamatha* muy básica. Es lo que hizo el Buda y a él le funcionó, así que mejor que nos la tomemos en serio. No necesitamos prácticas suplementarias o técnicas nuevas para desafiarnos a nosotros mismos. Por favor, durante el tiempo que trabajemos juntos utiliza esta práctica de *shamatha*. Su poder radica en su simplicidad. Con el tiempo lograrás verte con más claridad. Te convertirás en un *connoisseur* de tu propio proceso de pensamiento. Eso es un meditador: alguien que aprecia los numerosos aromas de su propia

mente y puede estar presente con todos ellos.
A continuación, echemos un vistazo a dos herramientas que nos ayudarán en este empeño.

Tercer paso: aplica el combinado *tag-team* esencial

Al dar tus primeros pasos en la meditación, tal vez te des cuenta de que esta práctica puede resultar todo un desafío. Se llama meditación de calma, pero tu mente se siente como si hubiera enloquecido. De hecho, no es raro que los meditadores principiantes tengan la sensación de haber abierto las compuertas de una presa y que les está azotando un aluvión de pensamientos, como si se hallasen en el fondo de una cascada y los pensamientos les alcanzasen a toda velocidad. Puede resultar avasallador.

Lo bueno (y créeme porque tengo experiencia en esta cuestión) es que la cosa mejora. Al empezar a meditar con regularidad, poco a poco compruebas un aumento de la capacidad de permanecer con la respiración y estar más presente, tanto en el cojín de meditación como con diversos elementos del resto de tu vida. Hace falta un poco de tiempo para que eso suceda, así que lo más conveniente es explorar la práctica de *shamatha* de manera regular mientras recorremos los siguientes pasos.

Llegados a este punto quisiera presentar algunas ayudas meditativas. Se trata de dos herramientas que nos ayudarán con nuestra práctica de meditación: atención plena (mindfulness) y presencia vigilante o conciencia. Añádelas a tu cinturón de herramientas porque son, respectivamente, el taladro y el metro de medir tu práctica. Las utilizarás continuamente en tus momentos de meditación, así que es mejor que te familiarices con ellas lo antes posible.

En primer lugar, definámoslas. La palabra tibetana para atención plena (mindfulness) es *trenpa*, que también cuenta con una traducción más amplia: «La capacidad de mantener la atención en algo». Está bastante claro, ¿verdad? Si quieres ser consciente de la respiración, has de mantener tu atención en ella. Si quieres ser consciente de una conversación, te implicarás por completo en la discusión. Si quieres ser consciente mientras comes, es preciso que prestes atención y disfrutes de la comida. Atención plena (mindfulness) es sencillamente ser totalmente con lo que sea que hagas. En este sentido, la desinencia *ness* implica esencia. Así que cuando decimos «mindfulness» estamos diciendo que cultivamos la esencia de estar *mindful,* o estar presente.

La atención plena es una capacidad inherente que todos poseemos. No es algo que tengamos que ir a adquirir o comprar al supermercado. Ya la poseemos. Esta herramienta, este taladro, ya está en nuestro cinturón de herramientas. Solo necesitamos aprender a utilizarla. Echo mano del ejemplo del taladro porque la atención plena es un instrumento preciso; nos mantiene concretamente sintonizados con el momento presente. Aunque ser consciente de la respiración pueda resultar incómodo o difícil, lo cierto es que basta con utilizar esta herramienta para reeducar nuestra mente a fin de que haga algo que está muy acostumbrada a hacer de otras maneras.

Lo que quiero decir es que en realidad siempre estamos meditando sobre algo. Podemos estar meditando en ese bombón que vimos antes y preguntándonos qué tal estaría salir con él, dónde lo llevaríamos y cuándo nos besaríamos (o más) al final de la noche. O podríamos estar meditando en un proyecto futuro de trabajo y en todas las personas con las que deberemos vernos, llegando incluso a confeccionar borradores mentales de los correos electrónicos que mandaremos. La cuestión es que nuestra mente siempre está enfocada en algo. La mayoría de las veces nuestra mente está centrada en algo ajeno a lo que sucede ahora mismo. La mente está acostumbrada a meditar en el futuro o el pasado, pero necesitamos reeducarla para que regrese al principio. Ese es el poder de la atención plena: aprendemos a ser precisos con la respiración, utilizándola como un ancla en el presente para que más adelante podamos ser más conscientes en el resto de nuestras vidas.

La segunda herramienta que quiero mencionar llegados a este punto es nuestra cinta de medir de la conciencia, introspección o estar presente. La palabra tibetana para introspección es *sheshin*. *She* puede traducirse como «saber», mientras que *shin* sería «presente». En otras palabras, podemos pensar en esta frase como «presencia vigilante», o saber lo que sucede en este preciso momento. Es una sensación de conciencia de nuestro entorno, tanto de nuestro entorno físico como mental. Esta herramienta de introspección es, al igual que la atención plena, algo que ya poseemos.

Atención plena e introspección –o conciencia– funcionan juntas para mantenernos involucrados en el momento presente. Son el *tag-team* –la pareja de luchadores que se turnan alternativamente– de las herramientas meditativas. En el caso de nuestro entorno físico, podemos estar haciendo nuestras cosas y oímos que nuestro teléfono suena. En este caso, la conciencia, la introspección, dice: «Eh, oye. Mi teléfono está sonando». Reconocer que ha aparecido un sonido y que es tu teléfono es una conciencia de tu entorno físico. Luego descuelgas el teléfono y empiezas a hablar con quien sea, sumergiéndote totalmente en la conversación. Eso es la atención plena, que te conduce al punto en que realmente estás inmerso en el momento presente con un diálogo. Tal vez la persona que llama empieza a aburrirte y en un momento dado pierdes el hilo, tu sentido de atención plena. Cuando de repente te preguntan: «¿Me estás escuchando?», tu conciencia te recupera para lo que sucede en el momento y vuelves a estar presente con esa persona.

Otro ejemplo podría ser cuando haces cola en la cafetería. Tal vez al principio te distraigas, comprobando tu correo electrónico en el móvil, o estando en babia, pero cuando el camarero dice: «Siguiente», ahí estás, totalmente presente, diciendo lo que quieres, intentando mantener una cháchara educada y una interacción humana genuina. Tu percatación, tu conciencia, es lo que registra al camarero diciendo «siguiente» y la atención plena es lo que te mantiene lo suficientemente presente para pedir tu café. Al cabo de unos minutos alguien te llamará por el nombre. La conciencia registra que han pronunciado tu nombre y la atención plena, en el mejor de los casos, hace acto de presencia mientras te sientas para degustar y disfrutar tu café.

En el caso del entorno mental, la conciencia es ese aspecto de nuestra mente que advierte cuándo dejamos de estar presentes con la respiración. Ya sabes que a veces puedes estar sentado meditando y de repente han pasado unos minutos que te los has pasado planeando ese puente que quizás puedas o no aprovechar, y luego te sorprendes y te dices: «¡Vaya! Vuelve a meditar en la respiración». Pues la conciencia es esa vocecita que te devuelve a la práctica meditativa. Me refiero a ella como a un cinta métrica extensible porque puede determinar lo lejos que te has apartado del momento presente, para a continuación devolverte de golpe a la respiración, igual que cuando la cinta métrica se rebobina de golpe, con un chasquido, y queda guardada en su carcasa. Otra manera de concebir la conciencia es como si fuera el *sheriff* de la población de tu mente, siempre vigilante y amable, reforzando tu capacidad para regresar a la respiración.

Mi maestro, Sakyong Mipham Rinpoche, ha dicho: «Cada momento tiene su energía, así que o bien se nos llevará por delante, o bien podremos aprovecharlo».[1] Si no vivimos nuestras vidas con atención plena y conciencia, estaremos perdiéndonos un montón de oportunidades de disfrutar de todos esos momentitos a lo largo de la jornada. En lugar de ello, estaremos permitiendo que nuestros patrones habituales se manifiesten de manera aleatoria mientras la energía del momento se nos lleva por delante. Se parece un poco a escuchar esa horrible música de ascensor en una subida en la que cada parada abre las puertas al egocentrismo y el sufrimiento. Si eres capaz de estar en el momento y reconocer la energía de lo que Harsucede, podrás vivir tu vida con intención.

---

1. Sakyong Mipham Rinpoche, *The Shambhala Principle*. Harmony: Nueva York, 2013, pág. 124.

Si no puedes aprovechar la energía de este preciso momento, entonces se te llevará por delante. Dicho de otra manera, vivirás una vida basada en intenciones inconscientes, rehén de cualquier ventolera discursiva que a tu mente se le ocurra preparar. No importa en qué piso salgas del ascensor porque te conducirá siempre al dolor y la confusión interiores.

Si aplicas estas dos herramientas de atención plena y conciencia a tu práctica de meditación, esta florecerá. Estas dos armas naturales de nuestra práctica nos devolverán a esa sensación de calma que parece anunciada en el título de nuestra meditación de calma interior. Tu conciencia siempre asomará cuando te distraigas y, al igual que la cinta métrica se enrosca en su caja, te devolverá al momento presente. Te dirá: «Pensando». Luego regresaremos a la atención plena de la respiración. Cuando nos sorprendemos a nosotros mismos y decimos: «Pensando», es como un truco con el que apretamos el botón de parada del ascensor, que nos permite salir a un entorno espacioso y fresco en el que disfrutar nuestras vidas.

Puedes volver a perderte pensando, pero la conciencia, esa amiga fiel, te volverá a agarrar «pensando». Luego debes volver a aplicar atención plena a la sensación física tanto de la inspiración como de la espiración. Sigue así hasta que esas dos herramientas se conviertan en un hábito muy arraigado y te asientes cada vez más con la respiración y con tu vida.

Otra palabra tibetana para meditación es *gom*. También puede traducirse como «familiarizarse». Básicamente, en el proceso de la meditación nos familiarizamos cada vez más con la mente y nuestras pautas habituales. Ahora que empiezas a observar tu mente, puedes tratarla como a una nueva amistad. Al principio, al observar esa catarata de pensamientos que discurre cuando te sientas a meditar, quizás digas: «Uf... No sé si quiero llegar a conocerte de verdad, señora Mente», pero si perseveras y continúas aplicando atención plena y conciencia, te irás acostumbrando a las excentricidades de tu propio ser mental. Igual que cuando haces un amigo nuevo y empiezas a apreciar sus peculiaridades. Por ello, la meditación es básicamente un proceso de entablar amistad contigo mismo.

Pema Chödrön, una veterana profesora de la tradición *Shambhala*, dijo: «Al practicar meditación no estamos intentando alcanzar ningún tipo de ideal, sino más bien al contrario.

Lo que hacemos es permanecer con nuestra experiencia, sea la que sea».[2] A veces, tu mente será eminentemente caótica y en otras ocasiones estará sosegada. En cualquier caso, si puedes investigarla simplemente estando presente, entonces estarás siendo más quien eres, más capaz de estar con tu experiencia, sea buena o mala.

Y de regalo, cuando continúes aplicando atención plena y conciencia al meditar, descubrirás que se manifestarán más de manera natural al discurrir tu jornada. Acabarás estando más presente con los amigos cuando salgas a cenar, o con los amantes cuando estés en la cama o con la familia, aunque discutas. En todas estas situaciones puedes sintonizar con el momento presente. Puedes ser consciente de lo que sucede ahora mismo. Puedes mantener la conciencia de tu entorno y de con quién te relacionas. Con la combinación del *tag-team* a base del taladro preciso de la atención plena y del veloz chasquido del metro de la conciencia puedes vivir una vida más plena y satisfactoria, en sintonía con las cosas tal cual son.

2.   Pema Chödrön. *Comfortable with Uncertainty*. Shambhala Publications: Boston, 2008, pág. 187.

Cuarto paso: sé regular

Una vez identificada la intención para iniciar una práctica de meditación, aprendida la técnica base sobre cómo hacerlo y descubiertas las importantes herramientas de la atención plena y la conciencia, ya estás listo para establecer una práctica de meditación regular en casa. El tema central en este paso del camino es la «regularidad». Si deseas que tu práctica de meditación funcione, necesitarás un entorno propicio, un horario regular, dedicar una cantidad de tiempo y el ritmo adecuado para asegurarte de que es factible para ti. Si puedes controlar esos cuatro factores, entonces tu práctica meditativa se irá integrando de manera gradual en tu vida y tendrá un efecto profundo en ti. En este capítulo presentaré todos los aspectos de disciplina acerca de lo que hace falta para ponerse en marcha, pero en el próximo capítulo equilibraremos la disciplina fundamental con el siguiente

paso, que es aprender a ser verdaderamente
amable con uno mismo.

Entorno consistente

Imagina que llegas a casa por la noche, tras un
largo día de trabajo y que estás agotado. Fíjate
en lo siguiente: careces de un espacio fijo para
dormir, así que has de montar la cama. Armas
el bastidor, montas el somier, pones el colchón
encima y luego lo cubres con las sábanas y
las almohadas. Da la impresión de ser mucho
trabajo para tener que hacerlo a diario, ¿no?

Pues así es para mucha gente en términos
de crear un entorno para su práctica de meditación. A menudo los principiantes quitan los
cojines del sofá, apartan la televisión, ponen
los cojines en el suelo, se sientan en ellos y espe-
ran tener una fantástica sesión de meditación.
Dicho de otra manera, convierten sentarse en
el cojín de meditación en algo más difícil de lo
que tiene que ser.

En lugar de ello, imagínate despertando por
la mañana, saltando de la cama y sabiendo
que dispones de un rinconcito en la sala de
estar donde ya está todo dispuesto para poder

empezar a meditar. Es algo que te invita a practicar sin tenértelo que pensar. Pinta mejor, ¿no? Eso es lo estupendo de disponer de un entorno fijo para tu práctica meditativa.

Tal y como dijo Sakyong Mipham Rinpoche: «El entorno es un apoyo o un impedimento para lo que queremos hacer. Todo en nuestro entorno –alimentos, ropa, sitios, horarios, compasión o celos de los demás– nos afecta».[1] Si quieres establecer una práctica meditativa en casa, una de las cosas más importantes que puedes hacer es crearte un entorno de apoyo. Concédete un momento para echar un vistazo a tu casa. Basándote en el aspecto que presenta ahora, puedes preguntarte a ti mismo: «¿Qué es lo que mi entorno facilita?». ¿Se ven prendas tiradas por ahí, montañas de platos en el fregadero y chucherías por todas partes? De ser así, todo ello es un impedimento de cara a cultivar cualidades de atención o serenidad. Si tu entorno es limpio, con obras de arte que te inspiran aquí y allá, y todo lo que tienes ocupa su lugar, entonces es probable que te resulte más fácil desarrollar esas cualidades.

---

1. Sakyong Mipham Rinpoche. *Ruling Your World: Ancient Strategies for Modern Life*. Three Rivers Press: Nueva York, 2006, pág. 24.

Al vivir en Nueva York estoy acostumbrado a trabajar con personas que no cuentan con mucho espacio para crear un entorno de meditación. Si vives en una casa y te has preguntado qué hacer con el dormitorio de invitados, podrías instalar ahí una sala de meditación. Pero si ocupas un piso pequeño, entonces tal vez solo cuentes con un rincón en la sala de estar o en el dormitorio que podrías convertir en un espacio de meditación. En cualquier caso, es posible crear un entorno de meditación consistente.

Te recomiendo que obtengas un cojín de meditación si estás dispuesto a practicar regularmente. Puedes comprar uno en tu localidad o pedirlo por Internet (consulta la sección «Recursos» para obtener más información). Disponer de un cojín y sentarte al aire libre es una manera fácil de despertar tus ganas de ponerte a meditar. Todo lo que tienes que hacer es sentarte y listo. A menudo presentan vivos colores, por lo que te llamarán la atención a lo largo de la jornada, recordándote que has decidido meditar en algún momento del día.

Existen diversos tipos de cojines entre los que elegir, que van desde el *zafu*, un cojín circular de suelo, hasta el *gomden*, que es un cojín, rectangular que tiene el aspecto de un cojín pero que al sentarte cuenta con la firmeza de una silla. También existe una amplia variedad de banquitos de meditación. Si vives cerca de un centro de meditación puedes probar esos cojines y descubrir cuál te conviene.

Pero también me doy cuenta de que no todo el mundo quiere invertir en un cojín de meditación así, de entrada. Por ello puedes utilizar las almohadas de tu cama, los cojines del sofá o cualquier cosa que te proporcione un poco de elevación respecto del suelo y te permita sentarte en la postura de meditación con comodidad. O también podrías sentarte en una silla de cuatro patas (una con ruedas te distraería) y reposar con firmeza los pies en el suelo, separados a la distancia de las caderas.

Si has de usar una silla, almohadones o cojines de otras zonas de la casa, puedes crear el espacio de meditación de otra manera. Podrías colocar una imagen del Buda sobre un taburete en tu rincón de meditación y eso también te servirá de recordatorio para meditar. O bien podrías contar con una vela que te guste y prenderla durante la duración de tus sesiones de meditación. También puedes adquirir un incensario que te parezca inspirador y digno. En cualquiera de esas situaciones lo que importa es que el espacio esté arreglado y te atraiga. De esa manera no deberás esforzarte demasiado en conseguir poner en marcha tu práctica.

Asiduidad

Además de contar con un entorno, es importante identificar un momento del día en que puedas meditar. Tienes que hilar fino a la hora de determinar cuándo meditar; quieres estar despierto, pero no en medio de un horario caótico. Para algunas personas eso significa que deberán despertarse por la mañana y sentarse de inmediato en su espacio de meditación. Para otras implica que primero se ducharán o tomarán su café y luego practicarán. Algunas personas nunca disponen de tiempo para meditar por la mañana y prefieren hacerlo al volver a casa del colegio o el trabajo. Otras meditan a la hora de comer. Algunas con suerte pueden meditar justo antes de acostarse ¡sin dormirse durante la sentada!

Lo cierto es que a mí me costó años llegar a descubrir cuál era el mejor momento del día para meditar. Ahora me levanto de la cama, me ducho, echo una ojeada al trabajo que me espera, me sumerjo en él durante una media hora y luego me obligo a cerrar el portátil y sentarme en el cojín. En mi caso, estoy lo suficientemente despierto, así que no me siento adormilado, pero mi mente todavía no se ha implicado totalmente ni adoptado la modalidad «tengo que liquidar todo ese trabajo».

Lo que he descubierto es que si establezco un horario concreto para mi práctica de meditación acabo frustrándome cuando me retraso. Por ejemplo, si me digo que voy a meditar cada día a las 8:45 de la mañana y resulta que mi perro se alarga en nuestro paseo matinal, puedo sentarme a meditar y pensar en lo que me retrasa el perro. Y eso no ayuda mucho. En lugar de eso, he aprendido que es mejor aceptar mi programa diario e insertar la meditación en él igual que haría con otros aspectos de mi rutina matinal. De esa manera no soy demasiado rígido, pero la práctica sigue ocupando un lugar importante en mi jornada. Al empezar a meditar con regularidad, repasa tu programa semanal y observa si hay un momento del día en que puedas meditar con regularidad. Realizar una elección consciente en este tema ayuda mucho, pues de ese modo no tendrás que ir cambiando constantemente, teniendo que convencerte cualquier día de que no dispones de tiempo.

Una cantidad de tiempo regular

Otra forma de regularidad que ayuda a los principiantes es elegir una cantidad de tiempo para practicar y mantenerla. Por lo general, recomiendo empezar con diez minutos al día. Todos disponemos de diez minutos al día. Aunque estés superocupado y tus hijos requieran muchos cuidados y atención, tu jefe sea un pelma y te llame a casa todo el tiempo, sigue siendo posible que reserves diez minutos al día por la mañana o por la noche. Encontrar esos diez minutos puede resultar complicado, pero ceñirte a ellos no debería serte muy difícil.

Algo que no deberías hacer es sentarte con la intención de meditar durante un período de tiempo y cambiar de opinión a la mitad. Puede que a veces te sientes para meditar y que diez minutos te parezcan una eternidad. Te preguntarás si se ha estropeado el cronómetro y mirarás el reloj, y al comprobar que solo han pasado tres minutos querrás levantarte del cojín. No lo hagas. Siéntate esos diez minutos. Al día siguiente tal vez estés siguiendo la respiración y el cronómetro suene y pienses: «Tal vez disponga de tiempo para otros diez más». Tampoco hagas eso.

Cuando empiezas a pensar en querer ajustar la cantidad de tiempo que vas a meditar mientras estás meditando, a) estás utilizando tu meditación como fuente de distracción de la meditación y b) estás empezando a enjuiciar tu práctica meditativa. No enjuicies nunca tu práctica meditativa. Tu mente es tu mente. A veces resultará fácil seguir la respiración y te creerás a punto de iluminarte. Al día siguiente alguien te cabreará en el trabajo y eso será lo único en lo que pienses mientras medites. Nunca debes etiquetar nuestras sesiones de práctica como «buenas» o «malas». Cualquier momento en que te sientas a meditar es buena meditación. Por eso es importante meditar una cantidad de tiempo regular. Si, más adelante, deseas aumentar esa cantidad en cinco o diez minutos más, hazlo, pero con coherencia.

Ritmo coherente

Últimamente han aparecido diversos estudios acerca de cuánto le cuesta a las personas formar hábitos. No hace mucho leí que si quieres crear un hábito nuevo debes hacer lo mismo once días seguidos y tu cerebro empezará a registrarlo como algo que haces regularmente. Lo que yo entiendo es que pueden ser once días sin fumar u once días escribiendo un poco, y que esas actividades nuevas que haces empiezan a convertirse en hábitos. Al cabo de veintiún días el hábito es firme.

Empecé a meditar cuando era bastante joven, asistiendo a retiros de fin de semana a los once años. Sin embargo, fue a los diecisiete cuando inicié una práctica de meditación diaria. Fue el resultado directo de asistir a un retiro de meditación de un mes en Nova Scotia, en un pequeño monasterio llamado Gampo Abbey. Para mí fue una verdadera experiencia transformadora, y cuando dejé el monasterio, me juré a mí mismo que seguiría meditando regularmente. De alguna manera, resultó más fácil de lo que había creído. Al cabo de unos años me di cuenta de que el nivel de coherencia que empecé a manifestar a la hora de establecer una práctica fue resultado directo de ese retiro. Sí, el hecho de estar lejos de todo fue una experiencia muy potente, pero el hecho de que meditara cada día durante más de veintiún días me metió la práctica de meditación en la médula, de tal manera que se convirtió en un hábito muy arraigado. Al volver a casa después de esa experiencia, me resultó más fácil mantener la práctica.

Dicho lo cual, no insistiré lo suficiente en la importancia de adoptar un ritmo regular para meditar, día tras día, sobre todo al echar a andar la práctica. Si te fuese posible, reserva once días seguidos para iniciar tu práctica regular de meditación. Observa si empieza a ser más habitual tras ese período inicial. Si meditas diez minutos al día, eso sumará 110 minutos –menos de dos horas– de tu vida que te pondrán en el camino para poder llevar una existencia donde estés más presente y seas más amable y compasivo. En lo que respecta a inversión de tiempo, da la impresión de ser un buen negocio.

A veces descubrirás que uno de esos elementos te resulta esquivo. Por ejemplo, tal vez estés de viaje y te es imposible disponer de un entorno adecuado en el que poder meditar. En esa situación siempre recomiendo llevar contigo algún elemento de tu escenario doméstico. En mi caso, suelo viajar con una imagen del *bo-dhisattva* Mañjushri, que encarna la sabiduría. Me lo regaló un amigo y tiene un valor personal para mí, así que, cuando estoy en casa de conocidos o en un hotel, sé que si lo tengo a la vista me atraerá y me recordará meditar. A ti quizás te resulte útil una foto de un modelo a seguir a quien te gustaría emular como resultado de tu práctica, o tal vez un recuerdo de un viaje espiritual. Sea lo que fuere, llévalo contigo de viaje y permite que te inspire para meditar.

Cuanto más regular puedas ser con tu práctica, más natural se hará para tu vida y para ti. Te recomiendo que mantengas un entorno adecuado que te ayude en tu práctica de meditación, cíñete a un momento del día determinado que te sea propicio para meditar, practica una cantidad de tiempo regular o consistente que te parezca posible e inicia tu práctica con un ritmo regular. Si puedes lograr esas cuatro cosas, estarás muy cerca de poder integrar esta práctica transformadora en tu existencia cotidiana. Ahora que hemos visto esas diversas formas de disciplina, echemos un vistazo al siguiente paso de nuestro viaje: aprender a ser amable.

Quinto paso: sé amable

De niño leía montones de tebeos. De hecho, a veces sigo leyéndolos. Lo cierto es que leo bastantes. El hecho de que los superhéroes de los cómics que adquieren ciertas capacidades sobrehumanas –ya sea por un accidente científico o por haber nacido de manera diferente– y, lo más importante, que deciden hacer el bien con ellas, me resulta cautivador e inspirador. Cuanto mayor me hago, menos fantasiosos me parecen los superhéroes. He tenido la oportunidad de conocer a mucha gente extraordinaria que sobrevivieron en circunstancias horrorosas y que beneficiaron enormemente al mundo, sin contar con las ventajas de disponer de poderes sobrehumanos. Para mí son superhéroes reales, y como resultado de su influencia he decidido crear un superhéroe: el Hombre Amabilidad.

El Hombre Amabilidad nació un día, cuando comprendió que no tenía que ser tan capullo.

Ese fue su comienzo. En ese momento lo comprendió y desde entonces se pasa la vida tratando de aprender a controlar su deseo habitual de actuar de manera perjudicial. Observa la agresividad en sí mismo y en los demás, y la contrarresta con (sorpresa, sorpresa) amabilidad. Su único poder es que puede ofrecer amabilidad en todas las situaciones. Y ahora viene lo bueno: tú puedes ser ese superhéroe.

Puedes ser el Hombre Amabilidad o la Mujer Amabilidad. Si alguna vez te has dicho: «Debería ser más bueno conmigo mismo», ya tienes tu revelación. Tu camino superheroico es profundizar en tu convicción de esa revelación y completarla para llegar a ser realmente amable. Ya sabes que hay momentos en que eres un capullo para ti mismo y que actúas de manera que haces daño a otros. Puedes elegir no hacerlo. Puedes dedicar tu vida a ser la auténtica personificación de la amabilidad.

Pero percibo un obstáculo, que es tu archinémesis, la Autoagresión. Esta se manifiesta de mil maneras distintas cada semana, pero en cada ocasión, siendo la Mujer Amabilidad o el Hombre Amabilidad, puedes soslayar los planes de Autoagresión permaneciendo atento y consciente. Utilizando las herramientas de la atención plena y la conciencia que vimos en el capítulo anterior, puedes aprender a no ceder al pensamiento agresivo y estar presente.

Este es un ejemplo de una de las infames conspiraciones de Autoagresión: al sentarte para meditar podrías sentirte frustrado por no poder estar presente en lo que sucede en tu cuerpo. Te cuesta centrarte en la respiración, y cuando lo consigues, te distraes de inmediato y te dejas llevar por un pensamiento. Ignoras la conciencia y continúas dejándote llevar por esa fantasía o emoción. Al final acabar reconociendo que no estás presente y te repites «pensando». Cada vez te dices «pensando» con más rotundidad interiormente. No estás prestando atención y eso te molesta. Al final acabas gritándote a ti mismo «¡Pensando!» una y otra vez, preguntándote por qué no puedes encontrar paz interior. Así es como la Autoagresión gana la partida.

Pero no tiene por qué ser así. En el momento en que te descubres no prestando atención o inconsciente, no tienes por qué zurrarte. En lugar de ello, limítate a decirte delicada y amablemente «Pensando», y regresa a la respiración. No debes juzgarte a ti mismo por perder de vista la respiración. No tienes por qué frustrarte.

Cuando veas surgir esas reacciones, recuérdate que la amabilidad es la mejor opción y relájate en ese estado. Cuando puedas regresar a la amabilidad, descubrirás que esa opción te devuelve a la respiración mil veces mejor de lo que jamás lograría la autoagresión.

Observemos una manera en que el Hombre Amabilidad o la Mujer Amabilidad pueden contrarrestar esta conspiración. Para empezar, nuestro héroe se tomaría tiempo para expresar amabilidad hacia sí mismo incluso antes de sentarse a practicar. Sabe que su mente ha estado desbocada todo el día, rebotando entre actividades diversas, involucrándose en el trabajo, con la familia, sus relaciones…, con todo. Su mente está muy agitada, así que, en lugar de ponerse a meditar directamente, se ofrece a sí mismo amabilidad para facilitarse la práctica. Bebe una taza de té o un vaso de agua y permite que su mente empiece a pasar de mucha actividad a simplemente interesarse por lo que bebe. Luego se estira un poco, para «meterse» un poco más en su cuerpo. Cuando se sienta, lee unas páginas de su libro budista favorito, aportando alguna de esas enseñanzas a lo que está a punto de hacer. Cada una de esas actividades es un pequeño gesto de amabilidad hacia sí mismo que prepara el terreno para un delicado período de meditación.

Como resultado de esas sencillas ofrendas a sí mismo, descubre que le resulta más fácil estar con lo que sucede en su cuerpo. Tal vez le cueste un poco seguir con la respiración, pero se recuerda a sí mismo que es algo natural, y se muestra paciente, comprobando con delicadeza su postura y respiración. Luego aparece un importante pensamiento: olvidó enviar un correo a su jefe acerca de algo importante. En lugar de darse por vencido, reñirse o gritar mentalmente «¡Pensando!», se concede un momento de indulgencia y vuelve a relajarse siguiendo la respiración. Pasa sus diez minutos aprendiendo más sobre sí mismo y reforzando el hábito de ser amable.

Cuando eres amable y delicado contigo mismo en el cojín de meditación, descubres que te cuesta menos seguir la respiración. Disfrutas más de tu sesión de meditación porque no es un momento en el que continúes con el agotador desfile de la autocrítica. Te relajas en lo que sucede en el momento, que sientes como amable y delicado. Esa amabilidad que se extenderá más allá del tiempo que pases en el cojín de meditación. Sakyong Mipham

Rinpoche ha dicho: «¿Cuáles son las señales de progreso? Nuestro cuerpo, palabras y mente se tornan más amables».[1] Al ser amable y aportar una sensación de relajación con la respiración a tu práctica, empiezas a observar que tu cuerpo se torna más apacible en su manera de discurrir por el mundo, tus palabras son más amables y agradables cuando tratas con los demás y tu mente encarna esta cualidad básica.

Digo que la amabilidad es una cualidad básica porque, desde una perspectiva budista, es innata. En el capítulo 8 hablaremos del concepto de reposar en la calma y de lo que descubrimos cuando serenamos nuestra mente, pero como avance me gustaría retroceder a la época del Buda. Cuando el Buda alcanzó la iluminación, vio las cosas tal cual son. Vio que la autoagresión era autoimpuesta. Se trata de un comportamiento aprendido, no forma parte de nuestro estado inherente. De igual manera, el miedo, la ignorancia, el orgullo y otros muchos estados perjudiciales que perpetuamos no son innatos a lo que somos.

1.   Sakyong Mipham Rinpoche. *The Shambhala Principles.* Harmony: Nueva York, 2014, pág. 52.

Son cosas que recogemos por el camino. El núcleo de lo que somos, según la experiencia del Buda, es estar despiertos. Está bien. Eso significa que de manera innata somos sabios, valiosos, fuertes y (créelo o no) amables. Ese es nuestro derecho de nacimiento. La práctica de la meditación simplemente es descubrir eso por ti mismo, cultivar esas cualidades y actuar a partir de ellas.

Si no me crees, no pasa nada. Confía en tu experiencia. Según la mía, ha resultado ser verdad. De hecho, hoy estaba sentado con mi ahijado y él encarnó esa noción para mí. Milo tiene dos años y medio. Sin embargo, cuando paso ratos con él, nunca le he visto caer víctima de la autoagresión. No sabe si debería trabajar más horas o llamar a su madre más a menudo. ¿Por qué iba a saberlo? No ha sido expuesto a todo ese exceso de expectativas sociales. Por el momento simplemente es amable consigo mismo. Siendo amable consigo mismo ha aprendido a serlo con los demás. Es un ser muy bueno. Imagino que en algún momento alguien le dirá que ha hecho algo muy malo y que ello conllevará que empiece a vapulearse a sí mismo al respecto. Pero por ahora encarna la amabilidad. Eso me demuestra, tal vez por millonésima vez, que todos nacemos con esa cualidad.

Una manera en que le he visto asomar la cabeza a la autoagresión es a través de algo que denomino «culpabilidad budista». No es extraño pensar que uno debería trabajar más o llamar más a menudo a su madre. De hecho, se parece bastante a lo que suele denominarse «culpabilidad judía». Es la noción de que deberías pasar más tiempo meditando. Es esa desazón que te entra cuando consideras que debería meditar once días seguidos como sugería en el capítulo anterior, pero que al quinto día surge algo y te saltas la sesión, sintiéndote como un burro. Ese es un momento en que la autoagresión puede salir de su escondite y sacudirte: «Dijiste que ibas a ser meditador ¡y ni siquiera has aguantado cinco días!».

Como Mujer (u Hombre) Amabilidad debes luchar contra esta versión particular de autoagresión. Cuando experimentas culpabilidad budista por no meditar lo suficiente o no meditar con regularidad, el truco consiste en concederte un respiro. En general, este es mi consejo para cuando sientas que te tornas más estricto y que te tomas demasiado en serio tu práctica de meditación. Aplica amabilidad a través del método de concederte un respiro. Dicho método implica olvidarte de esa voz crítica en tu cabeza y en su lugar reconocer que se trata de una práctica difícil y que, dando por sentado que vivirás una vida preciosa y larga, habrá más días en los que practicar. Aplica amabilidad a todas esas áreas de tu vida y descubrirás que tu práctica se torna más fácil y dichosa, y que esa amabilidad empieza a infiltrar tu cuerpo, palabras y mente, aunque no estés ciertamente meditando. De esa manera puedes observar los frutos de tu labor meditativa. ¡Felicidades!

Sexto paso: supera los tres obstáculos principales

La meditación es difícil, un esfuerzo ímprobo. Me da la impresión de que debo recordártelo, o te desanimarás. No es que te resulte difícil a ti, es que lo es para todo el mundo. Por eso mencioné antes el cultivo de la cualidad de la amabilidad. Es un aspecto fundamental de lo que debemos cultivar a fin de avanzar por el camino. La amabilidad en particular es importante cuando empezamos a tener que hacer frente a los obstáculos habituales de nuestra práctica.

Tomando por ejemplo el marco referencial tradicional, los principales obstáculos sobre los que podríamos reflexionar son tres. Considéralos como grandes paraguas bajo los que podemos agrupar todo aquello que pudiera distraerte de mantener una práctica de meditación regular. Los tres obstáculos son: pereza, trajín incesante y desánimo. Tal vez ya hayas empezado a meditar regularmente y te hayas encontrado esos obstáculos bajo alguna forma. O quizá pudieras sentarte mañana y experimentarlos por primera vez. En cualquier caso, aparecerán, así que lo mejor es conocerlos bien y saber cómo superarlos.

Pereza

La pereza desde una perspectiva meditativa suele manifestarse como sentir aversión a la práctica. A menudo adopta la forma de convencerte a ti mismo de que no tienes que hacerlo. Puede ser algo tan sencillo como despertarte por la mañana, escuchar el repicar de las gotas de lluvia contra el cristal, sentir la calidez del edredón y dedicarle una mirada de desdén al cojín de meditación que reposa en ese rincón de tu habitación. Ese cojín de meditación no resulta tan cálido y acogedor como tu lecho, así que decides que te mereces veinte minutos más de sueño, y para ello debes saltarte tu práctica de meditación. Eso es pereza.

O tal vez cuando te sientas para meditar te vas por los cerros de Úbeda. Te olvidas de aplicar la técnica meditativa de permanecer con la respiración, o lo haces, pero en cuanto aparece una fantasía da la impresión de ser más fácil dejarse llevar por ella que volver a la respiración. A veces, cuando te sientas resulta ser una experiencia dichosa. En otras ocasiones puede ser muy difícil seguir la instrucción. Ambas cosas le suceden a todo el mundo y el resultado es que no es raro sentir algo de aversión o pereza para evitar sentarte.

Si te encuentras luchando para poder sentarte, no tienes más que acordarte de tomártelo con calma, darte un respiro, dejar de lado las críticas y esforzarte un poquito más de lo que te resulta cómodo. Fíjate en que la primera parte de este consejo hace referencia a lo que pudiera afectarte la autoagresión. Tal vez sientas la calidez comodona de la cama, empezando a justificar que no pasa nada por saltarte un día de práctica, para a continuación odiarte por pensar de ese modo. Ahí es donde has de concederte un respiro y dejar de lado las críticas.

La segunda parte de este consejo implica sentarte en el borde de la cama y saltar de ella. Esfuérzate ese poquito más allá de tu nivel de comodidad y descubrirás lo bien que te sentirás por ello. Es el mismo principio que levantar un

poco más de peso de lo que puedes normalmente en el gimnasio o correr un poco más
rápido o más lejos de lo que hicieras antes.
Ese nivel de esfuerzo es contrario al manteni-
miento de nuestro nivel de comodidad, pero
uno se siente muy bien cuando lo traspasa. El
mismo consejo también vale para cuando te
sientas en el cojín, pero sientes una tendencia
a estar en Babia o ignorar las instrucciones. Regresa a la respiración, una y otra vez. Aplícate
y disfrutarás más de tu práctica.

Trajín incesante

El segundo obstáculo más importante es lo que
normalmente consideramos lo contrario de la
pereza: el trajín incesante. La primera vez que
escuché ese término en boca de mi maestro, Sakyong Mipham Rinpoche, me pareció
que daba en el clavo. Es la idea de que sabes
que quieres meditar. Es algo que quieres hacer
de todas todas. Pero cuando te levantas por
la mañana, miras tus correos y luego te das
cuenta de que llegas tarde a trabajar, así que
te aturullas para llegar a tiempo, jurando que
meditarás al volver a casa. Cuando estás a

punto de fichar para salir, una amiga te envía un mensaje preguntándote si quieres ir a ver su nueva casa, así que lo haces, pero diciéndote que después de eso quieres sentarte realmente a meditar. Luego llegas a casa y decides darte una ducha. A continuación llama tu padre, y como hace tiempo que no habéis hablado, pues te lías. Luego vuelves a mirar los correos. Para entonces ya son las diez de la noche y resulta que debes madrugar, así que te echas en la cama, enciendes la televisión y al hacerlo te das cuenta de que ese día no vas a tener tiempo para tus diez minutos de meditación. Te despiertas a la mañana siguiente jurando no volver a caer en el mismo error, pero vuelves a repetir el mismo ciclo. Ese es un buen ejemplo de trajín incesante.

Lo cierto es que sí tienes esos diez minutos para meditar. Todos disponemos de ellos. Lo que ocurre es que te has pasado todo el día convenciéndote de que no, y convirtiendo en una prioridad cualquier otra cosa, aparte de meditar. De hecho, sería menos fatigoso sentarse y realizar tu práctica que emplear toda esa energía mental tratando de auto-convencerte de que no puedes. Eso es el trajín incesante, una forma de evitar tu práctica a través de medios conceptuales. Puede resultar agotador.

El trajín incesante es una de las razones por las que recomiendo que las personas establezcan pronto un sentido de regularidad al empezar a meditar. Si dispones de un lugar preparado para meditar, te servirá como impulso adicional para que te sientes y practiques, y no deberás convencerte de que careces del tiempo para arreglar un espacio para sentarte. O bien, si te dices: «Medito cada día después del café de la mañana, de lunes a viernes», entonces estarás estructurando tu programa cotidiano para incluir tu práctica meditativa. No se quedará aparcada, que es lo que sucedería si solo dijeses: «Medito por la mañana». Si meditas regularmente durante diez minutos y te marcas la pauta de hacerlo diariamente durante un determinado período de tiempo, entonces empieza a convertirse en un nuevo hábito que integrarás en tu vida junto con los demás, como el ducharte o vestirte. Es importante concretar esos compromisos para superar el trajín incesante. La regularidad es uno de los mejores antídotos para superar ese difícil obstáculo.

Desánimo

El desánimo es el tercer obstáculo de la meditación. Como la meditación es un camino tan gradual, en el que te puede costar semanas o meses empezar a darte cuenta de que empiezas a estar más presente o sosegado, la gente suele desanimarse. Creen que su meditación no funciona bien, o que no lo hacen bien, porque no se ven inmediatamente en paz consigo mismos al cabo de una semana de práctica regular. Una vez más, se trata de algo normal. Pero los efectos de la meditación son sutiles y hace falta tiempo para que se manifiesten fuera del cojín, así que mientras tanto hemos de trabajar para superar este obstáculo.

El principal antídoto para el obstáculo del desánimo se basa justamente en lo primero de que hablamos al inicio de este libro: necesitamos contar con una potente intención en nuestra práctica. Al principio nuestra intención puede ser no querer cargar con tanto estrés en nuestro cuerpo todo el tiempo o querer aprender a trabajar con las emociones de una manera saludable. Sea como fuere, ese simple recordatorio acerca del «porqué» va a conseguir movilizarnos y, enviarnos de vuelta al cojín de meditación siempre que sintamos desánimo.

Este antídoto se parece un poco a las palabras de aliento que un entrenador da en cualquier película de deportes. Estás en el vestuario durante el descanso, deprimido a causa del rival. El desánimo te está machacando. El entrenador (que en realidad eres tú observándote a ti mismo en el espejo) te mira a los ojos y dice: «Chico. Ya sabes por qué estás en este partido. Agárrate a ese motivo. Dilo en voz alta. Atesóralo en tu corazón. Ahora regresa al campo y dalo todo». Recordar por qué disputas el partido te propulsa cuando te sientes desanimado.

Si lo deseas, incluso podrías consultarte frente a un espejo. En mi caso, no hace falta que me observe a mí mismo en el espejo. Al sentarme para meditar me limito a decir en voz alta por qué lo hago, o bien escribo mi razón, y tiene el mismo efecto. Recuerdo lo que es importante, mi motivo para llevar a cabo esta tarea, y eso supera cualquier sensación de desánimo que pudiera surgir.

Me he dado cuenta con los años de que la meditación me ha hecho una persona mejor y más presente. La separación entre estar presente con la respiración y estar presente con amigos y familiares se ha disuelto en gran parte; se ha convertido en el instrumento con el que puedo estar en mi cuerpo y en mi mundo.

Si por alguna razón te saltaste el primer capítulo, entonces te animo a que contemples lo siguiente: «¿Por qué medito?». Si llevas meditando un tiempo, sería muy útil que reflexionases sobre esa cuestión y te la volvieses a plantear. Tal vez iniciaste tu práctica para sentirte menos estresado, pero poco a poco ha ido cambiando tu perspectiva y observas que la meditación tiene un efecto positivo en tu vida. Tus motivos también pudieran haber cambiado y ahora piensas: «Quiero estar más presente con los demás, sabiendo que es cuando me siento más feliz», o: «Quiero poder ser útil al mundo como resultado de esta práctica».

Cuando estés decaído y consideres que la práctica de la meditación es difícil, este sencillo paso de recordarte a ti mismo tu «porqué» personal te devolverá al cojín de meditación y volverás a disfrutar de tu práctica. En cierto sentido se trata simplemente de darte impulso cuando te cuesta mantener la práctica. No hay ninguna pastilla ni mantra que recitar que consiga por arte de magia que la meditación sea fácil o que no vuelvas a desanimarte. Simplemente hemos de seguir con la práctica hasta que el desánimo desaparezca y volvamos a tener presente por qué la práctica de la meditación es esencial para lo que cultivamos en nuestras vidas.

Al maestro Zen Suzuki Roshi le preguntaron en una ocasión: «¿Qué es el nirvana?». Ofreció una respuesta muy directa, que parece hacer referencia a este obstáculo en particular. Dijo: «Centrarse en algo y llegar hasta el fondo». Cuando sientes desánimo, recuerda que despertar no es tan difícil en el gran esquema de las cosas. Se trata simplemente de centrarse en algo y llegar hasta el fondo. En este caso, ese algo es asentar y mantener una práctica de meditación.

La pereza, el trajín incesante y el desánimo vendrán en nuestra búsqueda. Como ya he señalado antes, son términos generales para designar a la miríada de obstáculos que pueden surgir. No es malo que lo hagan: están poniendo a prueba el temple de nuestra práctica. Si la meditación fuese siempre una maravilla y fácil, entonces eso indicaría una mente que ya ha encontrado la paz.

No sé tú, pero yo creo que el que en mi práctica de meditación se manifiesten obstáculos me indica de una manera amable que todavía me queda un trecho para poder domar mi propia mente y me recuerda su importancia. Esos obstáculos sirven como indicadores a lo largo del camino de nuestro viaje espiritual, y cada uno de ellos señala el camino para familiarizarnos más con nuestra propia mente. Familiarizarnos con nuestra propia mente es el propósito de esta práctica. Así que, en ese sentido, esos tres obstáculos forman parte de todo lo que hace falta para ser un meditador competente. Pasemos ahora a otra faceta de las dificultades que podemos experimentar durante nuestra práctica de meditación: trabajar con las emociones.

Séptimo paso: trabaja con las emociones

Cuanto más ahondamos en la práctica de la meditación más empezamos a vislumbrar los diversos elementos de nuestras propias mentes. Desde una perspectiva budista, nuestra mente es fundamentalmente abierta, clara y neutral. Al mismo tiempo, esa mente crea pensamientos, fantasías y emociones. No deberíamos pensar que nuestros momentos de paz constituyen la «buena» meditación y que los momentos en que se nos llevan los pensamientos por delante son «malos». Todos forman parte del despliegue energético de nuestra mente. Todo lo que surge es perfecto porque es lo que sucede en la mente ese día.

Cuando te sientes a meditar, notarás que aparece todo un enjambre de pensamientos sobre tu vida y actividad diaria. Es un poco como detenerse en la acera de una ajetreada ciudad y permanecer ahí. No habías advertido hasta ese momento la velocidad con la que funcionaba la ciudad, pero ahora que no formas parte de ese movimiento, la velocidad te parece abrumadora. Puedes sentir algo parecido cuando te sientes a meditar al final de una jornada atareada. Te estás deteniendo en medio de la tormenta, pero todo ello es una parte de tu mente.

También hay veces en las que intentas meditar siguiendo la respiración, pero en cuanto empiezas te distraes a causa de una fantasía. Podría tratarse de planear una conferencia próxima, un informe en el que trabajas o pensar en una noche romántica con una persona amada, pero sin que te hayas dado cuenta han pasado todos tus minutos y no has meditado nada. Esas fantasías también forman parte del despliegue energético de tu mente.

También es posible que tus pensamientos sean más discursivos y no te distraigan tanto como las fantasías desatadas. Quizá puede aparecer en tu mente un pensamiento tipo: «Debería hacer más ejercicio», para luego pensar inmediatamente que no te gusta ir al gimnasio, lo cual te llevará a pensar en esa amiga que se ha ofrecido a ser tu entrenadora personal, y luego pasar a que sale con un tío que no te gusta, yendo a parar a la sensación de desesperación al considerar que si ella no puede encontrar a un tío que esté bien cuáles serán entonces tus posibilidades, etc. Tu mente revolotea como un colibrí sobre un charco de agua azucarada: excitada, pero sin centrarse. No obstante, sigue siendo tu mente. Con todos esos tipos de pensamientos que aparecen, la técnica básica para reconocerlos, que consiste en denominarlos «pensando», para luego regresar a la respiración, demostrará su capacidad para zafarte de todo ello. Podrás regresar a la respiración, aunque te cueste algo más de lo que hubieras imaginado.

Algunos pensamientos pueden ser incluso más sutiles que los mencionados hasta el momento; pueden ser acerca de la propia práctica de meditación. Podrías estar sentado y pensando: «¿Lo estaré haciendo bien?», o: «Me duele la espalda», o: «¿Estoy respirando con normalidad?». Esos pensamientos son lo suficientemente sutiles como para aparecer y disolverse sin que tengas que hacer nada. Tal vez ni siquiera los etiquetes como «pensando», pero los ves desapareciendo por sí mismos. Se limitan a cruzar tu mente, sin que tengas que hacer nada.

Uno de los peores tipos de pensamientos con los que trabajar en el cojín de meditación son los que encajan en el término general de las emociones. Las emociones son de todo tipo y forma, pero en definitiva siguen siendo pensamientos, aunque pensamientos con mucha energía sosteniéndolos. Están las emociones que sentimos que nos aligeran, que nos dan aire –como un nuevo amor–, sintiendo que vamos por la vida en volandas. Hay otras emociones que sentimos que nos hunden en nosotros mismos, como la angustia, que hace que no podamos ni siquiera levantarnos de la cama. A veces sentimos una emoción como fluida y abierta, que llega y pasa a través de nuestro cuerpo, y en otras ocasiones nos dejamos atrapar por una emoción intensa y sentimos que nos arrastra de la correa, como si fuésemos un perro. En muchos casos, resulta difícil etiquetar esas emociones y decir simplemente «pensando» para regresar a la respiración como si nada.

El tipo de emociones intensas que surgen una y otra vez en el cojín de meditación son del tipo que nos atrapa, arrastrando nuestra mente a una carrera desenfrenada y descontrolada, alejándonos del momento presente. Esas emociones estancadas se llaman, en sánscrito, *klesha*. *Klesha* podría traducirse directamente como «emociones aflictivas». Son emociones que surgen, tanto en el cojín de meditación como en nuestra vida cotidiana, que nos hacen sentir energéticamente agotados. Es como cuando te peleas con tu pareja y no puedes dejar de repetir mentalmente la discusión en tu cabeza: lo que podrías haber dicho de manera distinta, o lo que dirás para demostrar que tienes razón. Aunque ese guión solo discurre en tu cabeza, lo cierto es que alimenta la emoción subyacente de rabia o malestar. Sigues metido en esa espiral hasta el punto en que sientes que te estás ahogando en negatividad. Te sientes agotado y aletargado, sin poder conectar ni disfrutar de la vida.

A fin de aprender a no perjudicarte a ti mismo has de aprender a trabajar con las emociones, empezando desde que se manifiestan en el cojín de meditación. La clave para trabajar con las emociones es bastante simple: permanecemos con ellas, permitimos que nos atraviesen, como si fuesen nubes cruzando el cielo. No actuamos siguiendo sus impulsos ni las suprimimos, sino que las reconocemos como pensamientos potentes que son efímeros en última instancia.

En términos de trabajar con las pensamientos en público, o cuando estás inmerso en tu vida cotidiana, eso significa que no reaccionas ni actúas siguiendo cualquier impulso que aparezca para saciar tus deseos emocionales. Por ejemplo, cuando tu pareja se enfada contigo y tú sientes cólera como respuesta, evita seguir ese impulso y responder como siempre respondes en esa situación con esa persona.

Otro ejemplo: imagina que vas por la calle y ves una chaqueta nueva que quieres. Sientes cómo surge el deseo en ti y quieres seguir el impulso de adquirir la chaqueta. Has de tenerla ahora. Pero te das cuenta de que no puedes permitírtela. ¿Debes ceder a tu impulso emocional, que implicaría quedarte sin un duro y que, aunque fueras bien vestido, te haría sentir un poco mal la próxima vez que quisieras gastar un dinero en algo más importante a nivel personal? Ceder a tu impulso emocional te arrastra a un comportamiento pernicioso y perjudicial para ti. Así que lo más conveniente sería no dejarte llevar por ese impulso que acompaña a la emoción que sientes. Aunque es verdad que existen emociones mucho más angustiosas que luchar para evitar el impulso de comprar, se trata solo de un ejemplo de cómo, un día cualquiera, nos podemos dejar arrastrar por una emoción y arrepentirnos más tarde. Mejor sorprenderte a tiempo y no ceder como de costumbre.

La disciplina básica que surge de nuestra práctica meditativa es darnos cuenta de cuando nos quedamos atascados. Si nos atascamos en una fantasía y nos hacemos conscientes de ello, decimos: «¡Ajá! He de volver a la respiración». Estás sorteando el impulso habitual de abandonarte a esa fantasía y en lugar de ello eres lo suficiente disciplinado como para recordar las instrucciones acerca de permanecer con tu respiración. Con el tiempo, esa disciplina se manifestará también fuera del cojín, cuando te apercibas de que estás siendo arrastrado por las emociones en otras áreas de tu vida. En lugar de abandonarte a ellas, te alejas de la situación, sin responder de la manera habitual. Eso es renunciar.

En este uso de la «renuncia» no estamos ahuyentando a golpes o suprimiendo la emoción. Como dijera el maestro budista tibetano Chögyam Trungpa Rinpoche: «Renuncia significa en este caso superar esa mentalidad dura, difícil y agresiva que rechaza cualquier gentileza que pudiera entrar en nuestro cora-

zón».[1] No te lanzas a defender la actitud crítica
extrema del: «Tú, capullo. No te sientes así», y
sales corriendo, alejándote de esa potente
experiencia. Tampoco la aplastas, pretendien-
do que no existe. Lo que haces es aplicar
la disciplina de tu práctica de meditación y
simplemente reposar en lo que es, aunque se
trate de una experiencia emocional difícil.

Esta manera cotidiana de trabajar con las
emociones está enraizada en la práctica interior de trabajar con ellas en el cojín de meditación. Día tras día, sesión tras sesión de práctica,
aprendemos a trabajar con la energía de una
emoción como una experiencia transformadora. Nos familiarizamos con nuestro bienestar
emocional y con observar todo lo que aparece, sea una emoción convencionalmente
considerada «buena», como el amor, o «mala»,
como la angustia, como un reflejo de nuestra
propia mente.

Aprendes que no necesitas saltar del cojín
de meditación e ir a hablar con esa persona
con la que te sientes fatal o de la que estás
enamorado y no necesitas aplastar la angustia

1.   Chögyam Trungpa Rinpoche. *The Collected Works of Chögyam
Trungpa*. Shambhala Publications: Boston, 2004, pág. 396.

de tener el corazón roto o ahogar el amor porque resulte amenazador; te mantienes en tu cojín. Permaneces con ello, mientras sigues concentrado en la respiración. Reposa en todas las emociones que surjan. Esa es tu práctica.

A menudo hablo con personas que me dicen que eso está muy bien, pero que su pareja les dejó tiradas y que simplemente no pueden soportar la emoción de tener el corazón roto. Es demasiado. He descubierto (y lo he hecho a través de mi propia experiencia) que a menudo lo que queremos decir no es que no podamos soportar la angustia. Lo que queremos decir es que nos vemos atrapados en las líneas argumentales que acompañan esa emoción. Cuando te sientas a meditar, tu mente no dice inmediatamente: «¡Oh, mi pobre corazón!». O si lo hace, solo dura un momento. Está tan blando que resulta difícil permanecer con eso. Así que nuestra mente agita y remueve lo más distrayente que encuentra: el porqué sucedió eso. «Creía que las cosas iban bien, pero está claro que él tenía cuestiones pendientes con su ex», «Ella se preocupa demasiado de su carrera; nunca iba a querer establecerse y formar una familia». La emoción aflictiva utilizará todas las posibilidades que se te ocurran para engancharte y llevarte por delante, mediante las líneas argumentales que acompañan a la emoción.

Mi consejo para cualquiera que se encuentre en esa situación, o para quien se encuentre frente a una emoción tan visceral como esa, es dejar de lado esa línea argumental. Una y otra vez, las veces que hagan falta. Bajo la argumentación está la emoción original, que es la que necesitamos observar. Cuanto más permanezcamos con esa emoción, menos aflictiva será. Cuanto más podamos reposar en ella más se ablandará y más efímera se tornará. En pocas palabras, te sumerges en tu propio cuerpo y aprendes a estar con lo que hay, no con lo que podría ser. En lugar de: «¿Por qué me abandonó?», puedes pensar: «¿Dónde me he atascado?», o: «¿Se trata de una emoción fija o en movimiento?», «¿Es grande o pequeña?». Al ser curiosos con la experiencia emocional estamos menoscabando su poder sobre nosotros. Practicamos *gom*, familiarizándonos con nosotros mismos de una manera profunda y formidable.

La práctica de trabajar con nuestras emociones nos enseña que no son obstáculos ni nada que haya que evitar o suprimir; son el medio a través del que podemos conectar con más profundidad con nuestro cuerpo y mente. Aprendemos a permanecer con las emociones con suavidad y curiosidad. No necesitamos ponernos críticos y pensar que las emociones perjudican nuestra práctica. Al mostrar curiosidad por ellas y dejar de lado las líneas argumentales que las rodean, aprendemos más sobre nosotros mismos y saboreamos la sabiduría que subyace tras esa capa de conceptos.

La amabilidad y la suavidad son lo que nos permite no rechazar la experiencia presente. Es la capacidad de estar atentos y presentes, algo que evita que merodeemos por los interminables corredores del pasado y el futuro. La curiosidad nos mantiene frescos y curiosos frente a todo lo que pueda surgir en el aquí y ahora. Podemos pues estar presentes y aprender de cualquier emoción que se manifieste. Podemos dejar que sea nuestra guía, que nos acerque al núcleo de lo que somos, que es despertar. Siguiendo en esa línea, pasemos a explorar esa parte de nosotros mismos, nuestra naturaleza que reposa en la calma.

Octavo paso: descubre la paz

Tras haber empezado a meditar de manera regular, aplicando amabilidad a tu experiencia de trabajar con obstáculos y emociones, puede que hayas tenido momentos en que tu práctica haya resultado apacible. Has invertido tu tiempo en aprender a aprovechar el ir y venir de la respiración, de paso relajándote por completo en tu cuerpo. Tal vez de todo ello haya resultado un momento en que se te ocurriese pensar: «Esto es diferente». En ese momento quizá descubriste que bajo el torbellino torrencial de pensamientos y emociones está lo que se denomina tu naturaleza que reposa en la calma.

En un primer momento pensé en mencionar este núcleo de reposo en la calma al principio del libro. No obstante, es mejor tener una experiencia de este estado, en lugar de una noción teórica de lo que es. Espero que a estas alturas ya cuentes con una sensación propia de eso a lo que me estoy refiriendo, en lugar de considerar que estamos hablando de ello filosóficamente. Si todavía no has tenido un momento en que te has sentido en paz durante tu práctica, entonces, te lo digo de verdad, te llegará.

Ese estado de reposar en la calma es inherentemente lo que eres. Es el núcleo de quién eres. Y no solo tú, sino todo el mundo. Todos poseemos ese estado de alerta innato. Ese estado sereno se denomina *tathagatha-garbha* en sánscrito, que puede traducirse como «naturaleza búdica». Es la noción de que, al igual que el Buda, tienes en ti la semilla para despertar a tu vida y tu mundo de una manera vasta y profunda. Compartes el mismo potencial que él porque tu ser es naturalmente apacible.

Hay ocasiones en las que se duda de esa afirmación, algo del todo comprensible. Pasamos gran parte de nuestro tiempo dudando de que podamos ser apacibles. Lo más normal es considerar que nuestra naturaleza básica es confusa, agresiva y desordenada. Ahí es donde invertimos la mayoría de nuestra energía mental, ¿verdad? Recuerdo que, al principio de mi formación en meditación, un maestro señaló que ese estado sereno es comparable al sol brillando en el cielo. Está siempre ahí, luminoso y radiante. No obstante, a menudo queda oscurecido por nubes. Esas nubes van y vienen, como nuestros virulentos pensamientos y emociones, aunque a veces puedan estar tan separadas que el sol muestre su luminosidad. El sol es nuestro estado básico, nuestro estado de alerta. Aunque a menudo se tapa debido a oscuridades transitorias, eso no significa que no brille luminoso y esté siempre ahí.

Otra manera de considerar este estado innato de alerta es que somos básicamente buenos. Bondad fundamental es un término que se utiliza a menudo en la tradición budista Shambhala. Denota que cuanto más familiarizados estamos con nuestro propio estado de alerta, más cuenta nos damos de que básicamente somos afables, fuertes y sabios. En algunas tradiciones religiosas existe la creencia de que uno es originalmente malo o básicamente pecaminoso. Es un enfoque totalmente opuesto a la tradición budista. En nuestro centro estamos despiertos y somos buenos. Ese es nuestro derecho de nacimiento. Eso es lo que somos.

Al empezar con mi propia práctica de meditación, no comprendí que se trataba de una cuestión importante. Creí que la práctica que exploramos era algo que tranquilizaba, y que si me permitía estar más presente en mi vida cotidiana me sería muy útil. Sin embargo, con el tiempo he descubierto que todo el camino trata de descubrir tu innato estado de alerta, de despertar, y actuar desde el mismo. Eso es. No tienes que hacer nada más. Si algo aprovechas de este libro espero que sea esta noción: que ya eres bueno y estás despierto. Es algo que has de descubrir por ti mismo.

Llegados a este punto, imagino que estarás listo para seguir adelante. «Paz. Genial. Lo he pillado.» Pero siento la necesidad de volver a hablar de esta cuestión porque la sociedad te lleva susurrando al oído desde pequeño justo lo contrario de lo que trato de destacar. Desde las vallas publicitarias a las revistas y las expectativas sociales acerca de la educación y carreras profesionales, se te ha dicho continuamente que no eres lo suficientemente bueno. Que no vales gran cosa. Que necesitas un arreglo.

A muchos nos presentan una solución mágica. En respuesta a la mentalidad de pobres que nos inculca la sociedad, escuchamos mensajes sobre cómo «mejorar». Sobre todo en la cultura publicitaria, en la que se nos ofrece la idea de que si adquirimos ese nuevo maquillaje, iPad o producto para el cuidado de los niños todos nuestros problemas se evaporarán. En otras palabras, nos han condicionado para buscar la bondad y la integridad fuera de nosotros mismos. Nos han contado que necesitamos circunstancias externas, como un trabajo nuevo, algo que comprar, o incluso una pareja amorosa, y que luego seremos verdaderamente felices.

Lamento anunciar que no es así. Ese nuevo empleo te provocará tanto estrés o más que el antiguo, o bien deberás trabajar demasiadas horas sin que te valoren como hubieras imaginado. Cualquier cosa que compres acabará estropeándose, te aburrirás de ella o saldrá una nueva versión al cabo de seis meses, dejando la tuya obsoleta. Pasar tiempo con tu pareja puede ser maravilloso, pero en última instancia os separaréis: bien con motivo de una ruptura o con la muerte. Ambas situaciones pueden ser traumáticas. Así que si crees que puedes encontrar una felicidad duradera en circunstancias externas te vas a decepcionar.

Esa era la parte mala, que conseguir un nuevo empleo, comprar algo nuevo o salir con alguien nuevo no te reportará una felicidad duradera. Pero también tengo buenas noticias. Dejaré que sea Chögyam Trungpa Rinpoche quien te las cuente, ya que me parece que él lo dijo genialmente en uno de sus libros: «Estas son las buenas noticias de verdad: somos intrínsecamente budas, o estamos intrínsecamente despiertos, y somos intrínsecamente buenos».[1] Si podemos creerlo o, mejor todavía, experimentarlo, entonces es que estaremos en buena forma. La felicidad no es inalcanzable; está basada en ser con tu experiencia existente, lo cual significa ser con tu estado despierto innato. En este preciso momento puedes hallar contento. En este instante puedes disfrutar. Y es así porque eres básicamente bueno.

No me estoy aventurando simplemente en el territorio de la filosofía budista. Estoy diciendo que esta noción de la bondad fundamental, o estado de alerta innato, puede y será experimentado a través de la práctica de la meditación. La bondad fundamental puede experimentarse más de lleno cuando aflojamos la marcha hasta el punto en que experimentamos paz natural. Gracias a la herramienta

1. Chögyam Trungpa Rinpoche. *The Heart of the Buddha*. Shambhala Publications: Boston, 2010, pág. 6.

de la meditación ascendemos hasta el cielo y apartamos las nubes, no permitiendo que se queden ahí tapando el sol. Regresamos al momento presente, una y otra vez, que es como soplar para apartar las nubes. Así revelamos lo subyacente: el sol luminoso, nuestro reposar en calma.

En este sentido, la meditación es una ruta muy práctica hacia la conclusión de que no necesitamos ningún arreglo ni mejorar nada. Ya somos buenos, solo necesitamos descubrir esa verdad. En el mismo libro, titulado *The Heart of the Buddha*, Chögyam Trungpa, seguía diciendo: «Lo importante para nosotros es comprender que somos básicamente buenos. Nuestro único problema es que a veces no reconocemos esa bondad».[2] No necesitamos salir corriendo a comprar la bondad o la paz fundamental. La descubrimos en nuestro interior, en el momento presente. Todo lo que hemos de hacer es reconocer esa experiencia.

Una vez que reconoces ese estado sereno, se hace más fácil meditar. Antes tal vez te habías dicho: «Estoy seguro de que esto de meditar me tranquilizará». Ahora dices: «He

2.   *Ibíd.*, pág. 193. (Edición en castellano: *El corazón de Buda.* Barcelona: MTM Editores, 2001.)

tenido una experiencia de ser con lo que es. He vislumbrado este estado sereno. Y quiero hacerlo otra vez». Has transitado de una actitud aspirativa a una experiencial. Ahora, cuando te sientas desanimado, no necesitarás generar un montón de actividad mental para motivarte y sentarte en el cojín de meditación. Puedes simplemente reflexionar sobre tu experiencia y reconocer que quieres continuar cultivando esa manera de ser.

Experimentar un momento de paz durante tu práctica meditativa es más motivador para continuar por este camino que cualquier cosa que pudiera ofrecerte en este libro. Te ofrezco palabras y tú puedes elegir entre confiar en ellas o no. Cuando tienes una experiencia de paz, eso es algo de lo que puedes estar verdaderamente convencido. Esa convicción es lo que se denomina fe en la tradición budista. No es que tengas fe en la capacidad de otra persona para comunicar su experiencia. Tienes fe en ti mismo. Tienes fe en tu propia experiencia de paz. Profundizar esa fe te conducirá muy lejos en términos de continuar meditando tras acabar de leer este libro.

La belleza de la práctica de la meditación, y algo de lo que hablaremos en el capítulo final del libro, es que a menudo se manifestará en tu vida, fuera del cojín de meditación. Al realizar tus tareas cotidianas y observar que estás muy presente al comer, puedes pensar: «Vaya. Esta comida es muy buena, pero también es un momento de paz». Ese es un momento en que revelas tu naturaleza básica, en el que puedes relajarte hasta el punto de mostrar tu ser luminoso y radiante. Y esos también son momentos en los que desarrollas más fe en tu propia experiencia acerca de cómo la meditación te ayuda a progresar en tu viaje espiritual. No suceden únicamente en el cojín de meditación: sucederán en toda tu vida.

Cuando aprendes a conectar, una y otra vez, con tu bondad fundamental, también empiezas a reconocer esta bondad en los demás. Empiezas a ver cómo los demás tienen el mismo potencial de estar tan presentes y serenos como tú. Hay una buena noticia más que quiero compartir llegados a este punto: como todo el mundo está inherentemente despierto, todo es factible. Si tuviera que sintetizar en un concepto el camino espiritual de trabajar con los demás, diría que si estamos convencidos de nuestra propia bondad y de la de los demás entonces siempre dispondremos del potencial de conectar con ellos de manera genuina y respetuosa.

Hay una palabra que mi maestro Sakyong Mipham Rinpoche ha estado utilizando profusamente en este contexto: «digno». Si eres básicamente bueno significa que no hay nada inherentemente malo en ti. Y por ello eres digno de todo y cualquier cosa. Lo mismo podría decirse de nuestro amante, nuestro jefe y ese vecino al que no soportamos porque pone la música demasiado alta. Todos ellos poseen en su núcleo el mismo estado de calma. Tal vez no siempre actúen desde ese luminoso lugar. Tal vez, a menudo acumulen nubes de confusión en sí mismos, actuando de manera perjudicial. Pero no obstante disponen del mismo potencial para despertar a su propia bondad.

Si puedes tener fe en tu propia bondad entonces podrás observarla con mayor facilidad en los demás. De esa manera no te relacionas con otras personas en la onda del: «Eres un obstáculo para mi felicidad», sino: «Soy digno. Tú eres digno. Existe potencial para que conectemos». Reconociendo la bondad en ti mismo y en los demás ofreces una plataforma abierta y espaciosa para que tenga lugar una interacción genuina.

De ti dependerá la manera en que quieras ver el mundo. Puedes ignorar esos momentos de paz y creerte la perspectiva que te vende la sociedad acerca de que básicamente estás tarado y necesitas un arreglo. Puedes continuar refugiándote en circunstancias externas yendo desde nuevos avances en tu carrera profesional o nuevos productos que comprar o gente nueva a la que conocer, y observar si eso te funciona. O bien puedes disfrutar de esos momentos de paz y al descubrir tu estado innato tomar una decisión consciente de cultivar convicción en esa experiencia. Puedes aprender a apreciar tu vida y tu mundo teniendo fe en el descubrimiento de tu estado de reposo en la calma.

Noveno paso: conviértete en una persona dhármica

Felicidades. Ahora ya dispones de lo básico. Sabes cómo meditar, saber por qué meditar y probablemente empiezas a ver que no se trata solo de sentarte en un cojín de meditación, que se trata de entrenarte para estar más presente y despierto en tu vida cotidiana. Llegados a este punto, quisiera pasar a insistir en lo siguiente: cómo ser una persona más despierta cuando dejas el cojín de meditación.

Una parte muy importante acerca de cómo iniciar una práctica de meditación es cómo manifestar las cualidades que has estado cultivando una vez que te incorporas, que te levantas del cojín. En otras palabras: es fácil estudiar el *Dharma*, o enseñanzas expuestas por el Buda, pero otra cosa muy distinta es encarnarlas. Meditando de manera regular puedes llegar a observar algunos cambios sutiles en tu vida: estabas más presente cuando tu acompañante te contaba algo sobre ella la otra noche, o que eres más amable con tu madre. Y tal vez sea porque has estado meditando. En ese sentido, ya te estás convirtiendo en una persona dhármica, en alguien que encarna esta práctica de meditación.

Convertirse en una persona dhármica no significa que te des aires e intentes aparentar lo que no eres. Solo porque hayas estado meditando no quiere decir que estés iluminado o que seas un gurú enviado para salvar a todo quisque de sus mentes confusas. Lo que quiere decir es que trabajas contigo mismo y –esto es lo importante– que te haces más tú mismo. La idea de devenir una persona dhármica es precisamente esa: es el proceso de sentirte más cómodo contigo mismo y ser más consciente de quién eres y de tu capacidad innata de estar despierto. Eso es lo que significa encarnar las enseñanzas.

En 1979 Chögyam Trungpa Rinpoche ofreció una conferencia en la que aclaró qué significa ser una persona dhármica. Se remitió a un conjunto de enseñanzas muy tradicional que procede del linaje Kagyu del budismo tibetano. Es un linaje muy antiguo y he observado que las enseñanzas y ejemplos de miembros de dicho linaje son bastante profundos. En este caso, Trungpa Rinpoche tradujo una lista de cualidades que encarna la persona dhármica, presentando una guía muy práctica para que pudiéramos seguirla al esforzarnos en devenir ese tipo de persona. Sin más dilación paso a exponer lo que son las siete cualidades de una persona dhármica tal y como enseñó Trungpa Rinpoche.

Desapasionamiento

He de admitir que de entrada el término «desapasionamiento» puede provocar confusión. La persona dhármica experimenta el desapasionamiento, que no significa que no sea apasionada al ayudar a los demás, mejorarse a sí misma, salvar el mundo y demás. En realidad ,lo que quiere decir es que una persona dhármica no huye de situaciones emocionalmente complicadas.

Trungpa Rinpoche introdujo este término y continuó hablando del aburrimiento. Siempre tratamos de evitar aburrirnos, ¿verdad? Cuando llegas a casa, tal vez pongas música o enciendas la televisión para distraerte mientras te pones cómodo. Ese momento de transición es matador. O cuando estás esperando el autobús o el tren sacas rápidamente el móvil, ese conveniente artilugio que puede combatir el aburrimiento mediante diversos factores: juegos, internet, mensajes de amigos, etc. A través de la tecnología y de otros medios, la mayoría de nosotros hemos aprendido muy bien a evitar el aburrimiento.

Mucho antes de la aparición de los teléfonos inteligentes, Trungpa Rinpoche señaló esta tendencia de querer resolver lo que denominó «nuestro problema de aburrimiento». Presentó el «desapasionamiento» como un término para señalar que podemos experimentar aburrimiento y otras emociones sin revolcarnos en ellas o colgarnos de las mismas. Podemos permanecer ahí, con todo lo que se manifieste. Cuando te sientas incómodo, no es necesario que intervengas e intentes hacer algo para evitarlo. Cuando te encuentres en una situación difícil, por ejemplo, no has de intentar que todo resulte perfecto. Puedes simplemente relajarte en tu incomodidad. Esa capacidad para estar presente con temas emocionales es ser desapasionado, que es una cualidad de las personas dhármicas.

Contento

La segunda cualidad que puedes cultivar de cara a ser una persona dhármica es el contento. En pocas palabras, esta cualidad hace referencia a estar bien siendo quien eres. Es contar con una fe inagotable en tu propia bondad, que te lleva a comprender que estás bien. Se apoya en la cualidad anterior, en el hecho de que sabes que no necesitas arreglar ni mejorar nada. El contento reside en este preciso momento.

Trungpa Rinpoche amplió esta idea diciendo que no has de desarrollarte a ti mismo. No necesitas cambiar nada de quien eres. Puedes relajarte siendo tú. Eso es lo que verdaderamente significa ser una persona dhármica. Cuando los obstáculos aparecen, y siempre lo hacen, no has de perder los nervios e intentar que todo vuelva a estar bien. Puedes apoyarte en una situación sin prejuicios acerca de lo que «tiene» que pasar y limitarte a estar presente con lo que sucede, respondiendo con

lo más adecuado. Trungpa Rinpoche hacía
referencia a este tipo de escenario cuando
dijo: «Puedes obtener cierto aprecio de los
obstáculos deviniendo simplicidad».[1] Dicho de
otra manera, si haces frente a los obstáculos
con esa sensación de apertura, las cosas se
tornan simples. No es necesario que los compli-
quemos con lo que consideramos que pasará
o que tendría que pasar. Podemos abordarlos
con una sensación de aprecio de lo que son y
verlos como parte de nuestro camino.

Evitar demasiadas actividades

La tercera cualidad para ser una persona dhármica es muy interesante: es la idea de que no
tenemos necesidad de complicarnos con un
montón de actividades. Podemos simplificar
nuestras vidas a través de nuestro cuerpo,
palabra y mente.

A fin de simplificarlo todavía más, podríamos
discernir acerca de nuestro cuerpo y la actividad en que nos involucramos: ¿es necesaria?

---

1.   Chögyam Trungpa Rinpoche. *The Collected Works of Chögyam
      Trungpa*, vol 2. Shambhala Publications: Boston, 2004, pág. 486.

¿Buena? ¿Útil? ¿Oportuna? De no ser así, entonces probablemente no necesitamos llevarla a cabo. Eso significa que si tienes que hacer habitualmente ciertas cosas que agotan tu energía debería eliminarlas. Si tiendes a beber de más y eso implica que pierdes días enteros o la mayor parte del día al estar con resaca, entonces quizá deberías reducir la cantidad que consumes. O si tienes una adicción a comprar en eBay y estás continuamente dejando tu cuenta bancaria al descubierto, tal vez deberías pasar menos tiempo en esa página. Aunque decirlo es muy fácil, en realidad nos cuesta mucho romper con patrones habituales negativos. Hace falta tiempo y energía para que podamos reducir las actividades negativas en que nos metemos. Cuando Trungpa Rinpoche decía que deberíamos evitar demasiadas actividades, estaba apuntando a esta idea de simplificar nuestras vidas siendo juiciosos con nuestras acciones.

Trungpa Rinpoche siguió hablando del elemento de la palabra a la hora de evitar demasiadas actividades, que incluye reducir la charla superflua. He pasado algunos de los mejores momentos de mi vida en retiros silenciosos de meditación, y tengo que decir que cerrar la boca durante días o semanas es una experiencia reveladora. Te das cuenta de cuánto hablas sin sentido ni utilidad. A menudo sucede que nos encontramos con alguien y le vomitamos encima verbalmente toda nuestra basura emocional, chupándoles energía y quedándonos nosotros quizá sintiendo una especie de energía catártica, pero que no es muy edificante.

Podemos evitar el exceso de actividad con la palabra. Eso implica elegir cuidadosamente nuestras palabras y tratar de temas que nos importan. Si sales con un amigo y quieres ponerte al día, entonces es necesario comunicar. Pero comunicar lo importante, en lugar de cotillear, calumniar a los demás, mentir o herir con las palabras. Di lo que realmente quieres decir, sin añadir las tonterías indiscriminadas que la mayoría de nosotros utilizamos para conectar.

El elemento mental de evitar demasiada actividad es reducir el entretenimiento mental. Como probablemente hayas experimentado en el cojín de meditación, a menudo tu mente revolotea como el colibrí que ya he mencionado antes. Pensamos en todo lo que necesitamos: «¿Necesito un iPad para trabajar? O tal vez lo que necesite sea descansar y relajarme. O tal vez unos zapatos nuevos me facilitarían la vida». La mente va de aquí para allá, buscando incansable la felicidad.

En el mundo actual siempre hay algo nuevo que hacer. Contamos con internet y sus infinitas posibilidades acerca de lo que podríamos hacer en lugar de lo que hacemos. Como resultado, nos perdemos en todas las cosas que podemos hacer, decir y pensar y no hacemos nada bien, pues no le concedemos nuestra atención concentrada. La persona dhármica ve más allá y reduce su actividad para hacer sitio a lo que realmente importa.

Buena conducta

Tengo la impresión de que no haría falta nombrar la cuarta cualidad de una persona dhármica. Pero si quieres encarnar las enseñanzas del Buda, entonces es necesario que tengas una buena conducta. Me doy cuenta de que al utilizar el término de «buena conducta» podría acabar escribiendo una lista de reglas y reglamentos de lo que uno debería y no debería hacer para ser una persona dhármica.

Pero esa no es la cuestión. Si la razón de esta práctica meditativa es ser tú mismo, entonces dependerá de ti determinar qué es buena conducta.

En general, la buena conducta, como señaló Trungpa Rinpoche, es que has de estar dispuesto a trabajar en ti mismo y ser beneficioso para los demás. Esos son los dos factores principales; las concreciones te las dejo a ti. Cuesta tiempo llegar a saber qué significa trabajar en uno mismo y trabajar para los demás, así que no sientas que has de estar totalmente preparado antes de empezar a practicar buena conducta. De la misma manera, si lo que quieres es ayudar a los demás y a veces cometes un error, eso no implicará el fin del mundo. Uno aprende de esas situaciones y se esfuerza en no repetir los errores. Con el tiempo uno se vuelve cada vez mejor a la hora de resultar beneficioso para los demás. Lo que aquí importa es considerar todo lo que haces como una extensión de tu práctica de meditación, con vistas a cultivar atención plena (mindfulness) y conciencia. Si puedes conseguirlo, lograrás mejorarte a ti mismo y a los demás simultáneamente.

Conciencia del maestro

La quinta cualidad de una persona dhármica es tener conciencia de un maestro. Para los practicantes budistas avanzados que pudieran contar con un maestro con el que trabajar regularmente, esta parte de la lista tradicional Kagyu significa que siempre deberías tener mentalmente presente a esa persona en alguna forma o imagen. Para los practicantes principiantes eso significa que deberían tener cierta relación con un maestro o con una persona realizada (o con ambos), que les inspirase a continuar desarrollando las otras cualidades de una persona dhármica.

Es una cuestión muy importante que no quiero minimizar. Para alguien que intenta establecer una práctica de meditación, leer libros y sentarse solo en casa es estupendo. Pero ayuda mucho contar con una comunidad que apoye ese empeño. Así que explora las posibles comunidades meditadoras y budistas de tu zona. Si no sabes por dónde empezar, internet puede ayudarte. Lo bonito de ser un meditador en la actualidad es que en cualquier ciudad existen buenas comunidades de meditadores haciendo lo que tú

quieres hacer. Así que visítalas y siente ese
nivel de apoyo.

Además, si conectas con un profesor o instructor de meditación en ese lugar, intenta establecer una relación con ellos. No es necesario
que los adores o los coloques en un pedestal,
pero si conoces a alguien en esos centros budistas que se comporta de la manera que tú
deberías, intenta pasar algo de tiempo con esa
persona. Podría servirte de inspiración.

Propagar *prajña*

Prajña es un término sánscrito que se traduce
como «conocimiento superior». Se trata de ver
las cosas tal como son. Es cuando te apartas
de pensar únicamente en lo que te haría feliz,
o la manera en que consideras que las cosas
deberían ser, y te limitas a ser con lo que es.
También es la idea de que deberías comprender quién eres tú.

Con ese fin, puedes enorgullecerte de poder
profundizar en tu comprensión de esas enseñanzas. Puedes utilizar el *Dharma* a fin de explorarte
más a ti mismo y al mundo. *Prajña* no es solo
sentarse en el cojín de meditación y observar qué

hay en tu mente ese día. Tiene que ver con cómo actuar en situaciones postmeditativas, como conversaciones o comidas, con el considerarlas como oportunidades de ser una persona dhármica. Cada uno de esos escenarios es una oportunidad para que puedas ver las cosas como son. Cada una de esas ocasiones son momentos en que puedes dejar de lado tu mente crítica, dejar de pensar solo en ti mismo y entrar en contacto con lo que realmente sucede. Cuando lo haces, no te estás tomando un descanso; tu vida está imbuida del *Dharma*.

Actitud de bondad

La cualidad final de una persona dhármica es que todo su ser está imbuido de una actitud de bondad. Vuelvo a insistir: no te vas a transformar mágicamente en un ser mejor solo porque empieces a meditar. Serás más tú. Serás un tú consciente tanto de la cordura como del delirio que brama en tu mente y que es capaz de acomodar ambas actitudes con ecuanimidad.

Cuanto más te familiarices contigo mismo, más cómodo te sentirás al manifestar tu propia bondad. Has experimentado esta bondad a través tanto de tu práctica de meditación como de tus contemplaciones postmeditativas. Una cosa es saber que eres básicamente bueno y otra cosa es compartir tu experiencia al respecto. Eso no significa que debas ir por ahí haciendo proselitismo acerca de tu práctica y de cómo podrán beneficiarse siguiendo tus pasos. Se trata de expresar sutilmente tu propia confianza en quién eres, siendo un ser humano amable y decente.

En cierto sentido, estas siete cualidades de la persona dhármica podrían resumirse con estas palabras: ser un ser humano amable y decente como resultado del hecho de que eres más consciente y estás más presente de lo que lo estarías si no meditases. Si eres capaz de hacerlo entonces las enseñanzas del Buda –el *Dharma*– dejarán de ser algo que está por ahí, lejos de ti y ajeno a tu vida. Formarán parte de tu ser. Cuando sientes que ves el mundo a través de la lente de la meditación, exponiendo esas cualidades básicas, entonces sabes que eres una persona dhármica. Has permitido que la práctica de la meditación te cambie, no convirtiéndote en una persona diferente, sino comprendiendo mejor quién eres ya en este momento.

Décimo paso: relájate

Al ir llegando al final de este tiempo que compartimos, quisiera decir que creo que hemos repasado más o menos todo lo que necesitas para iniciar una práctica de meditación. Espero que ya conozcas tu intención personal sobre por qué meditas. Además, ya conoces la técnica que puedes utilizar cotidianamente. Dispones de una comprensión de qué es la atención plena (mindfulness) y la conciencia, y de cómo esos aspectos innatos de ti mismo pueden ayudar a tu práctica. Dispones (esperemos) de un momento, lugar y cantidad de tiempo para meditar cada semana.

También cuentas con una comprensión de lo que pudiera surgir en la práctica de la meditación. Sabes que no es fácil y que has de continuar recordando ser amable contigo mismo al recorrer este camino. La amabilidad es una importante cualidad fundamental que hay que cultivar al aprender a trabajar con los principales obstáculos que surgen en tu práctica: pereza, trajín incesante y desánimo. Cuanto más regularmente practiques, más oportunidad tendrás de observar la manera de funcionar habitual de la mente, con su miríada de emociones, y más descubrirás tu estado de calma inherente, pudiendo actuar desde una perspectiva de bondad.

En ese punto estarás realizando la transición entre el cojín de meditación y la práctica que llevas a cabo en casa, a algo que encarnarás en el resto de tu vida. Te conviertes en una persona dhármica, encarnando las siete cualidades delineadas en el capítulo anterior, de manera que manifiestes tu disposición meditativa. Ahora estás listo para el difícil paso final de tu camino en la creación de una práctica meditativa: has de relajarte.

Este paso del relajarse no es cosa fácil. Estamos muy tensos. Como dije anteriormente, vivo en la ciudad de Nueva York y veo a mucha gente joven ambiciosa. Muchos de esos ambiciosos jóvenes aspiran a títulos universitarios y deben hacer frente a un entorno muy competitivo. Antes podías sacar buenas notas en el instituto y matricularte en una buena universidad. Ahora tengo amigos que son padres y que intentan conseguir meter a sus hijos en las mejores guarderías, sabiendo que eso les abrirá las puertas de las mejores escuelas secundarias y luego de los mejores institutos, para culminar en un estupendo título universitario que, francamente, en esta economía no significa gran cosa en términos de obtener un buen trabajo. No obstante, en lugar de relajarse y observar lo ridículo que es este sistema, la gente adquiere tarjetas para preparar los exámenes psicométricos de entrada a la universidad para sus bebés que empiezan a andar. No puedo evitar pensar que, a pesar de todos esos esfuerzos que algunos de mis coetáneos hacen, no podrán evitar que sus hijos sean auténticas pelotas rodantes de estrés el día de mañana.

En la mayoría de nosotros, nuestro pensamiento está dominado por la idea de tener que «triunfar». Consideramos que necesitamos conseguir el mejor empleo posible, y cuando nos ascienden a un puesto que deseamos, ya empezamos a anhelar otro con un salario mayor. Nos lo pasamos muy bien solos, pero ¿no sería estupendo tener una pareja guapa, divertida y lista que nos aprecie y nos quiera? Tal vez deberíamos intentarlo en un millón de páginas web de citas o en bares, a ver si encontramos a *la* persona perfecta para iniciar una exitosa relación amorosa. Podemos enriquecernos y utilizar todo el dinero para comprar cosas bonitas, pero, no obstante, todas esas cosas acaban estropeándose, o bien nos aburren. Pero poseerlas implica que somos unos triunfadores, ¿verdad que sí? Tal vez todo eso te parezca algo hueco y vacío. Eso es lo que yo creo.

Imagino que cuando elegiste este libro tal vez lo hicieras pensando que te ayudaría a tener éxito meditando. El truco consiste, claro, en que en lo que estás teniendo más éxito es en ser más tú mismo. Estás aprendiendo a relajarte con quien ya eres, a relajarte con todo lo que surja en el cojín de meditación y a relajarte con los elementos agradables y dolorosos de la vida cuando te levantas del cojín de meditación. Eso es el éxito en un contexto meditativo. En otras palabras, no nos agobiemos. Si te has metido en la meditación para aprender a relajarte, asegúrate de no estar usándola como otra cosa con la que ponerte de los nervios.

Una manera de considerar este paso final en tu periplo es que deberías renunciar a tu apego a luchar. Tal vez suene raro acusarte de eso, pero creo firmemente en que solemos complicarnos la vida más de lo necesario. Concretamente, cuando meditas es fácil adoptar esta práctica sumamente simple y tratar de complicarla. Pero todo lo que necesitas hacer es seguir la respiración.

De vez en cuando tengo encuentros con un puñado de meditadores principiantes para ver cómo van con su práctica. Siempre me sorprende la manera en que complican esta práctica de meditación. Se preocupan de si sus ojos hacen lo que deberían hacer, de si estarán respirando mal, además de creer que corren peligro de abandonar sus cuerpos si meditan. Yo permanezco sentado y escuchando todo. Al mismo tiempo recuerdo lo que mis maestros solían decirme cuando yo era principiante y le daba demasiadas vueltas a mi práctica. Solían decirme: «Continúa sentándote». Eso es todo. A menudo intento ser algo más elocuente y comprensivo con la gente, y si hago bien mi trabajo, puede que acaben levantado la mirada al final y diciendo: «Así que parece que todo lo que necesito es continuar sentándome». Así es. Si continúas sentándote, te relajarás con respecto a la idea de que la práctica de la meditación (y otros elementos de tu vida) tiene que ser una lucha. Puedes relajarte. En serio.

Tengo una amiga que es bailarina de ballet. Cuando le pregunté sobre la precisión increíble que puede percibirse en cualquiera de sus actuaciones, me contó que todo se resumía en aprender a fondo lo que tenía que hacer y que luego, cuando llegaba el momento de actuar, debía relajarse. Recordé un maestro budista tibetano hablando de lo aprendido sobre los pilotos de coches de carreras: debían ser muy precisos, pero si estaban rígidos acababan teniendo un accidente. Debían aprender a hacer lo que debían hacer y luego relajarse. De ese modo conducían bien. En ambas situaciones la idea es saber lo que tienes que hacer y luego relajarte mientras lo haces. Ese consejo podría aplicarse a las numerosas formas de relajación que recomiendo.

Relájate con todo lo que surja en el cojín de meditación

La base para aprender a relajarse es el tiempo que pasas en el cojín de meditación. Sí, «continuar sentándose» es básicamente el mejor consejo para cualquiera en su primer año de meditación. No obstante, para mí, el segundo mejor consejo es mantener un cierto sentido del humor y del deleite al practicar. Eso nos retrotrae a la exposición sobre la amabilidad, pero añadiéndole un tanto de actitud juguetona por encima de esa bondad hacia uno mismo. Cuando fantaseas acerca de tener relaciones sexuales con la misma persona por millonésima vez en lugar de regresar a la respiración; podrías sentirte frustrado contigo mismo o comprender lo absurdo de la situación y reírte de ella. Mantén el sentido del humor acerca de tu mente alocada y colibrina. Si puedes reírte de tu despliegue mental, entonces estás experimentando la relajación en su máxima expresión.

Relájate con los elementos tanto agradables como dolorosos de tu vida

Tanto si la vida te ofrece fracasos como éxitos, relájate en esas situaciones y valóralas. En otras palabras: en la vida habrá momentos en que las cosas sean fantásticas. Te sentirás satisfecho con tu vida, tendrás grandes amigos y una pareja comprensiva, disfrutarás de tu trabajo y sentirás que es de utilidad para los demás. La vida en general parecerá estupenda. Disfruta de todo eso; no sientas que tienes que «arreglar» algo. Relájate en tu experiencia de satisfacción.

Habrá otras ocasiones en las que la vida parecerá realmente dura. Un ser querido fallece. Pierdes tu empleo y no ves clara tu seguridad económica. Tu pareja te abandona inesperadamente… Sientes como si el mundo se rompiese en pedazos y tú quieres dejar de meditar y pierdes los papeles. En primer lugar, no dejes de meditar. Al menos te conectará con tu experiencia emocional y te familiarizarás más con la misma. En segundo lugar, relájate. De la misma manera que ocurría cuando todo marchaba sobre ruedas, ahora tampoco necesitas «arreglar» nada. Relájate con tu experiencia de desconsuelo o desilusión. Podemos relajarnos con todo lo que surja. Esa es la belleza de tu práctica de meditación manifestándose en el resto de tu vida. Todo lo que aparece forma parte de tu camino.

Relájate con quien ya eres

Si pudiera impartir un último consejo, diría que te relajases con quien ya eres. Eso es, esencialmente, todo el camino budista. Si puedes aprender a relajarte tanto en el cojín como cuando discurres por el resto de tu vida, entonces conectarás con los diversos aspectos de quien eres. Y cada uno de esos aspectos, sean horrorosos o perturbadores, o divertidísimos y cuerdos, forman parte de toda tu configuración. Si puedes darte cuenta de ello, entonces comprendes que ya eres sagrado. Así que ¿por qué no relajarte con convicción en tu propia sacralidad?

El camino de la meditación es una formación para ser. Cuando te pido que te relajes con quien ya eres, te estoy pidiendo que seas tú. No has de imaginar qué debes ser o qué hacer para mostrar más de ti mismo. No es necesario que te esfuerces para saber cómo ser cuando acudes a una fiesta o estás en el trabajo. Limítate a ser tú. Esa es la cuestión. La meditación no es más que una herramienta que te permite ser tú, sentir que eres lo suficientemente bueno, digno, amable, fuerte e inteligente para manejar lo que surja. Es tu derecho. Así que adóptalo.

Espero que esta práctica de meditación te sea útil y te transforme como me ha transformado a mí. Espero que te tornes más amable y más auténtico a resultas de practicar. Espero que tengas momentos en que te des cuenta de lo bueno que eres y que esos momentos refuercen tu capacidad de lidiar con lo que se manifieste en la vida. Me metí en este asunto de escribir porque pensé que con que solo una persona leyese mi primer libro y empezase a meditar lo consideraría un éxito. Confío en esta técnica sencilla y en el poder de su simplicidad. Porque si eres esa persona que empieza a meditar y te transforma la práctica entonces sé que harás grandes cosas. Este mundo necesita personas que trabajen para llegar a ser más conscientes y amables. Necesitamos cien millones de ese tipo de personas. Pero empecemos contigo. Por favor, únete a mí meditando regularmente. Estoy aquí para lo que necesites y podemos practicar juntos.

Recursos

Lecturas recomendadas

Carroll, Michael: *Awake at Work*. El autor ha pasado décadas aplicando principios de meditación en el entorno laboral. Gran lectura.

Chödrön, Pema: *Comfortable with Uncertainty*. Recopilación de enseñanzas de Pema Chödrön. Capítulos cortos que pueden leerse en pocos minutos antes de acostarse.

Chödrön, Pema: *Living Beautifully*. Fantástica exposición sobre cómo hacerlo. (*Vivir bellamente: en la incertidumbre y el cambio*. Madrid: Gaia Ediciones, 2013.)

Mipham Rinpoche, Sakyong: *Ruling Your World*. Un gran libro, y una magnífica exploración de las "seis formas de gobierno". (*Gobierna tu vida*. Barcelona: Ediciones Oniro: 2007.)

—: *The Shambhala Principle*. Un bello manifiesto sobre cómo trasladar la bondad fundamental a la sociedad.

—: *Turning the Mind into an Ally*. Mi lectura recomendada en cuanto a la técnica de meditación. (*Convertir la mente en nuestra aliada*. Bilbao: Ed. Desclée de Brouwer, 2003.)

Ngulchu Thogme: *The 37 Practices of a Bodhisattva*. Cada práctica merece al menos un día de contemplación.

Nichtern, Ethan: *One City: A Declaration of Interdependence*. Exploración de la interconexión.

Piver, Susan: *The Wisdom of a Broken Heart*. Lectura excelente para cualquiera que se sienta con el corazón destrozado.

Rinzler, Lodro: *The Buddha Walks into a Bar*. Mi primer libro. (*El Buda entra en un bar*. Barcelona: Editorial Kairós, 2013.)

Salzberg, Sharon: *Lovingkindness*. Porque el primer paso siempre será ofrecerte amor a ti mismo. (*Amor incondicional*. Madrid: Editorial Edaf, 1997.)

Seung Sahn, maestro zen: *Only Don't Know*. Cartas y respuestas de un maestro zen. (*Cartas de un maestro zen*. Novelda, Alicante: Ediciones Dharma, 1997.)

Shantideva: *A Guide to the Bodhisattva's Way of Life* (también llamado *The Way of the Bodhisattva*). Texto fundamental sobre el camino Mahayana. (*La marcha hacia la luz*. Madrid: Miraguano Ediciones, 1993.)

Trungpa Rinpoche, Chögyam. *Shambhala: The Sacred Path of the Warrior*. Texto fundacional del budismo Shambhala. (*Shambhala: la senda sagrada del guerrero*. Barcelona: Editorial Kairós, 1986.)

—: *Work, Sex, Money: Real Life on the Path of Mindfulness*. Una encantadora exposición sobre la intersección de la vida cotidiana y la meditación.

Sitios web

www.lodrorinzler.com Mi web personal con enseñanzas escritas, en audio y vídeo. También con vínculos sobre el trabajo que realizo en la esfera de la formación en liderazgo auténtico.

www.shambhala.org Enseñanzas y recursos para ayudarte en tu práctica de meditación, incluyendo una lista de centros Shambhala que puedes visitar para recibir enseñanzas en persona.

www.samadhicushions.com Cojines de meditación, *malas*, etc.

www.reciprocityfoundation.org Los beneficios procedentes de la venta de cojines de meditación son destinados a ayudar a los jóvenes sintechos de la ciudad de Nueva York.

Información de contacto

Correo electrónico: info@lodrorinzler.com
Twitter: @lodrorinzler
Facebook: Lodro Rinzler
Bat-señal: bastará con una *L* gigante.